졸업 전에 취업하라

스펙에 올인한 사람은
절대 모르는 취업의 비밀

졸업 전에
취업하라

박천웅 지음

21세기북스

| 차 례 |

Part 3. 실전 취업 전략으로 승부하라

Part 4. 나만의 매력을 발산하라

취업에 관한 솔직한 이야기

당신이 매우 비범한 젊은이라면 이 책을 읽지 않는 것이 좋겠다. 모든 면에서 소위 스펙이 탁월한 사람도 사양한다. 각종 고시나 공무원 시험에 합격할 가능성이 높다고 자부하는 사람도 마찬가지다. 최고 수준의 두뇌와 역량을 갖추었지만 갑작스러운 불운으로 일시적 침체에 빠진 청년 역시 이 책의 독자는 아니다. 이 책은 대다수의 평범한 취업 준비생들을 위해 쓰였다. 그래서 철저히 이들의 입장을 헤아리고 이들과 직접 대화하듯 이야기를 풀어나가고 있다.

취업이 무척 힘든 시기다. 그래서 많은 젊은이들이 이 문제로 상처받고 있으며 이루 말할 수 없이 마음 아파하고 있다. 나는 매우 많은 젊은이들을 만났고, 지금도 만나고 있다. 그래서 그들의 열정과 아픔을 뼈저리게 공감한다.

그렇지만 나는 이들을 위해 결코 위로의 말을 건네지 않겠다. 무조건 꿈을 이룰 수 있다는 긍정적인 메시지도 전하지 않을 것이다. 그것은 이 책의 몫이 아니다. 강연이든 책이든 이런 말은 이미 넘쳐난다. 나는 현실을 말할 것이다. 그것이 다소 암울하고 모욕적으로 느껴질 수 있다 해도 어쩔 수 없다. 누군가는 반드시 해야 할 이야기다. 그것을 내가 할 뿐이다. 이해하기 바란다.

나는 대다수의 청년들이 들어가고 싶어 하는 대기업에서 부서 전체를 이끄는 임원으로 근무했고 지금은 취업 관련 회사를 경영하고 있다. 그만큼 취업 현장을 빤히 꿰고 있다고 자부한다. 그런 안목으로 취업을 준비하는 젊은이들을 보면 안타깝기 그지없다. 오해와 편견에 빠져 다람쥐 쳇바퀴 돌듯 헛고생을 하다가 중요한 때를 놓친 후에 자기 연민과 분노에 빠지는 사람들이 너무 많기 때문이다.

내가 경영하는 스탭스㈜에서는 정부, 지방자치단체, 대학교의 취업 지원 사업을 꾸준히 맡아 진행해 오고 있다. 또한 숙명여대와 한국장학재단에서 진행하는 대학생 멘토링을 각각 9년, 3년에 걸쳐 해 오며 대졸 구직자들과 기업의 인사 담당자들을 많이 만날 수 있었다. 그런데 취업 성공에 필요한 덕목에 대해 구직자와 인사 담당자가 생각하는 것은 상당 부분 차이가 있었다. 그 차이를 인지하지 못한 채 계속되는 취업 실패로 회사에 찾아오는 많은 학생들을 보며 안타까움을 느꼈다. 본인들은 열심히 준비했다고는 하지만, 회사에서 진짜 어떤 인재를 필요로 하는지, 그런 인재로서의 준비는 어떻게 해야 하는지 잘 모르는 학생들이 의외로 많았기 때문이다.

무조건 스펙 쌓는 쪽으로 취업 준비를 하다가 채용 전형에서 탈락했을 때, 그 원인을 막연히 스펙 부족이라고 단정 짓고 다시 또 스펙 쌓기에 열중하는 악순환의 반복을 수없이 봐 왔다. 아무런 대안 없이, 막연한 희망만 품고 취업 준비를 하다가 자신감을 잃는 학생들을 보며 그동안 느낀 점, 경험들을 알려줘야겠다고 생각했다. 이 책은 그렇게 시작됐다.

당신이 취업하고자 하는 곳을 이해하라

취업을 준비하는 우선적인 단계는 '회사'를 이해하는 과정이라 할 수 있다. 지금까지 다녔던 학교와 회사가 어떻게 다른지를 알아야 제대로 취업을 준비할 수 있다. 회사와 학교의 차이점을 살펴보자.

첫째, 학교에서는 공부 잘하는 사람이 대우를 받지만, 회사에서는 일 잘하는 사람을 원한다. 공부는 크게 보면 혼자 하는 것이다. 궁극적으로는 내 머릿속에 얼마나 축적되고, 얼마나 표현할 수 있느냐의 문제다. 반면에 일은 역할을 분담하여 나눠서 하게 된다. 함께 모여 서로 다른 일을 하는 것이다. 또한 학교에서 공부를 못하는 것은 나만의 문제지만, 회사에서는 내가 무책임했을 때 다른 사람에게 큰 피해를 줄 수 있다. 즉, 일을 할 때는 함께할 줄 아는 사회성이 중요하고, 책임감 또한 커야 한다.

둘째, 학교에서는 정답을, 회사에서는 최적안을 추구한다. 학교에서 요구하는 지식이 검증된 사실이며 고정된 답이라면, 사회에서 필요한 것은 정답이 아니라 최적안이다. 상황에 따라 대안은 얼마든지 달라질 수 있는 것이다. 회사에서는 경쟁사가 누구인가, 내 능력은 어느 정도인가, 우리 회사의 상황이 어떠한가 등 모든 사항을 종합적으로 고려해서 최적의 대안, 성과를 만들어낸다. 그래서 회사에서는 상황대처능력이 뛰어나야 한다.

스펙에 관한 오해를 극복하라

스펙이 중요하지 않은 것은 아니다. 회사에서는 일을 하기 위한 기본적인 지식이 어느 정도 필요하다. 지식을 바탕으로 판단해야 될 때가 많기 때문이다. 그럴 때 지식적·역량적 스펙이 중요하다고 볼 수 있다. 하지만 우리가 스펙이라고 생각하는 학벌과 학력, 학점, 자격증, 토익 점수와 같은 것들은 꾸준히 공부해 온 것의 축적치다. 그래서 단기간에 만족할 만한 결과를 내기가 쉽지 않다. 그리고 스펙은 우리 생각만큼 절대적으로 중요한 것은 아니다. 대학교에 입학할 때는 수능 점수 1~2점이 매우 중요하지만, 회사의 채용 전형은 이와 다르다. 일정 수준이 되어 서류를 통과하면 그다음부터는 스펙이라는 것이 크게 작용하지 않는다. 오히려 자기소개서나 면접 때 드러나는 인성적인 부분에 의해 합격 여부가 좌우될 때가 많다.

사회는 얼마나 알고 있느냐보다 얼마나 잘 할 수 있느냐를 본다. 자기소개서를 보더라도 단순히 잘 짜인 화려한 내용보다는 신뢰성이 있는지, 책임감 있게 해낼 수 있을지, 회사의 조직 문화에 어울릴 수 있을지를 중요시한다.

취업 준비는 매력적인 사회인으로 다듬어가는 과정

숲을 보면 여러 종류의 나무가 있다. 쑥쑥 자라난 나무가 있는가 하면, 위치 때문에 제대로 자라지 못한 나무도 있다. 그런데 어떤 목적으로 어떻게 다듬어지느냐에 따라 그 가치는 크게 달라진다. 산에서 아무렇게나 자라던 나무라 하더라도, 깔끔하게 다듬어 모양을 갖추면 상품성을 가진 조경수로 거듭나는 것이다.

취업이란, 직장으로부터 선택받는 것이다. 그렇기 때문에 선택하는 사람이 무엇을 원하는지 알고, 그에 맞도록 나를 다듬어야 하는 게 당연하다. 학생의 사고와 태도를 벗어나지 못한 상태에서는 취업을 준비하는 과정도 힘들고, 운 좋게 입사했다 하더라도 제대로 적응하지 못해 조기 퇴사할 가능성이 크다.

요즘 수평적인 조직이 많아졌다고는 하나 아직도 대부분의 조직은 수직적인 형태며 상하 관계가 뚜렷한 편이다. 또한 철저한 이해관계가 적용되는 인간관계가 조직 전체에 형성되어 있다. 취업의 관문을 통과한 젊은이들은 잘한 만큼 나에게 이익이고 못한 만큼 불이익이 주어지는 냉정한 사회 구조에 적응하느라 애를 먹는다.

따라서 사회에서 필요한 덕목을 졸업 전에 충분히 훈련할 수 있도록 준비해야 한다. 고객이 원하는 상품으로 나를 만드는 것이 중요하기 때문이다.

전문 기관의 도움을 받자

취업이 사회적인 관심사로 떠오르면서 정부나 공공 기관, 대학교 내에 취업을 지원해 주는 전문 기관이 많이 생겨나고 있다. 이곳에 취업 관련 지도를 요청하거나 조언을 구하면 적절한 도움을 받을 수 있다. 그리고 가능하면 과거에 직장에서 조직 생활을 한 경험이 있는 컨설턴트에게 상담받을 것을 권한다. 취업 컨설팅을 하는 사람 중에는 정작 자신도 취업하지 못해 쩔쩔매다가 우연히 관련 자격증을 따고 상담 일선에 나서는 경우도 있다. 이런 사람들은 직장 세계의 생생한 모습을 제대로 알지 못하기 때문에 효과적으로 컨설팅해 주지 못할 수도 있다. 직장 생활 경험을 바탕으로 하는 현장감 있는 조언은 취업을 준비하는 사람에게 무엇보다 도움이 될 수 있다는 사실을 명심해야 할 것이다.

이 책을 100% 활용하는 법

이 책은 먼저 취업에 대한 관점을 바꿀 것을 권한다. 간판 좋은 직장에 취업하는 것보다는 자신의 목표와 계획에 맞게, 제때 취업하는 것을 목표로 삼으라고 말한다. 더 좋은 직장에 취업하기 위해 스펙 쌓기에만 몰입하다가 취업 적령기를 놓쳐 이러지도 저러지도 못하는 상황에서 과감히 벗어나야 한다고 강조했다.

둘째로 취업을 준비하는 방향에 대해서 다루었다. 현재 많은 젊은이들이 잘못된 취업 준비를 하고 있다. 시급하면서 중요한 것은 하지 않고, 중요하지도 않고 지금 매달려도 별다른 성과를 얻을 수 없는 쪽에만 신경 쓰고 있다. 그래서 취업 준비의 올바른 자세와 방향에 관해 별도의 장을 할애했다.

다음으로 실전 취업 전략을 다루었다. 내 경험으로 보건대, 기업에서 요구하는 것은 스펙 그 자체가 아니다. 스펙 속에 담겨 있는 인성과 능력이다. 그렇다면 이것을 드러내야 취업이 잘될 것이다. 그래서 직접 발로 뛰며 회사가 원하는 나를 만들고 부각시킬 수 있는 구체적인 방법을 소개했다.

마지막으로 진정한 채용의 기준이 되는 인성과 태도와 능력에 대해 다루었다. 그렇지만 막연하고 모호한 가치에 대해서는 다루지 않았다. 현실의 조직 세계는 그렇게 고상하고 복잡하지 않기 때문이다. 그렇지만 일을 하는 데 있어 꼭 필요한 덕목에 대해서는 구체적으로 언급했다. 이런 성품을 갖추고 표현할 수 있다면 취업뿐 아니라 직장 생활도 잘 할 수 있을 것이다.

거듭 말하지만 이 책에는 따스한 위로나 장밋빛 전망 같은 것은 없다. 오로지 취업의 현실이 있고 그 현실을 돌파하는 방법이 있을 뿐이다. 부디 이 책을 통해 현실에 눈을 뜨고 효과적인 노력을 하는 젊은이들이 늘어나기를 바란다.

나 역시 한 기업을 운영하는 경영자다. 그래서 실제 직원을 채용할 때 중요시하는 것이 무엇인지, 회사는 어떤 사람을 필요로 하는지 등 취업을 준비하는 학생들에게 정말 필요하고 실질적으로 도움이 될 수 있는 정보들을 책 안에 최대한 담아내려고 노력했다. 때 이른 절망과 실천 없는 망상은 버리고 달성 가능한 목표에 집중함으로써 취업에 성공하는 젊은이들이 늘어나기를 진심으로 바란다.

스탭스㈜ 대표이사 박천웅

Part 1
취업의 관점을
바꿔라

1

내가 꿈꾸던 취업은 없다

청년 구직자의 자화상

올해 서른셋인 영우(가명)는 나의 예전 직장 선배의 큰아들이다. 나는 오랫동안 영우가 자라는 것을 지켜봐 왔다. 내 기억에 영우는 밝고 똑똑한 아이였다. 그는 초등학교와 중학교 시절 공부를 곧잘 했고, 수재라는 말을 듣기도 했다. 그가 경쟁 사회의 높은 벽에 부딪친 것은 고등학교 시절부터였다. 중학교 시절 최상위권이었던 성적이 중상위권 수준에 머물렀던 것이다. 한눈팔지 않고 열심히 한다고 하는데도 성적은 늘 제자리걸음이었다. 고3 때는 오히려 성적이 떨어졌다. 그러나 부모님은 재수를 허락하지 않았고, 결국 그는 평소에 생각해 보지도 않았던 대학에 들어갈 수밖에 없었다. 영우는 입학 후 몇 개월 동안 극심한 좌절감에 빠졌다. 현실을 인정하기가 싫었고 자신이 몹시 부끄럽게 느껴졌다. 그리고 같은 학번 동기들이나 선배들까지 한심해 보였다.

'여기도 대학이라고, 여기에 무슨 미래가 있다고, 속없이 웃고 다니다니……'

'너희는 여기서 열심히 헛공부나 해라, 나는 나에게 걸맞은 길을 가겠다.'

영우는 곧 편입을 결심했다고 한다. 기본적인 학점 관리를 하면서 편입 학원에 다니며 착실히 준비했다. 그리고 2학년을 마친 후 원하던 수준은 아니지만 그래도 부끄럽지는 않을 정도라고 여겨지는 대학에 3학년으로 편입할 수 있었다.

편입한 학교에서 왕따를 당한 것은 아니었지만, 지난 2년을 함께 보냈던 학생들 틈바구니에 끼어 홀로 새로운 시작을 하기가 쉽지 않았다. 다니는 학교의 이름만 바뀌면 자부심도 생기고 인생이 행복할 것 같았는데 꼭 그런 것은 아니라는 생각이 들었다. 그래도 꾹 참고 1년간 학교를 다니다가 휴학을 하고 입대를 했다. 2년 동안의 군 생활을 마치고 복학을 하니 어느덧 4학년이었다. 그러나 막상 졸업할 생각을 하니 덜컥 겁이 났다. 준비된 것이 하나도 없는 것 같았다.

'학점 관리는 잘 되어 있지만 영어 실력도 부족하고 자격증도 없어. 더구나 나는 편입생이야. 대기업 입사 지원서에는 입학 학교와 졸업 학교를 다 기록하게 돼 있어. 같은 조건이라면 내가 더 불리해. 나를 보여 줄 뭔가 다른 게 더 필요해.'

영우는 영어와 자격증이 관건이라고 생각했다. 그래서 업무용 컴퓨터 프로그램을 비롯한 각종 자격증 준비를 하면서 필사적으로 토익 공부에 매달렸다. 그해 여름방학 때 컴퓨터 자격증 두 가지를 땄고 토익 성적도 좀 올랐지만 여전히 모자라 보였다.

'이대로는 취업하기 어려워. 뭔가 대책이 필요해.'

영우는 마지막 학기를 남겨두고 휴학을 감행했다. 어학연수를 하면서 집중적으로 취업 공부를 하기 위해서였다. 그러나 아버지는 크게 반대했다. 오랜 사회생활 경험에서 우러난 지혜를 가진 대선배의 입장에서는 뚜렷한 목표와 계획도 없이 단지 영어를 좀 더 잘하기 위해 유학을 가려는 아들이 미련해 보였을 것이다. 하지만 영우는 끝내 아버지의 뜻을 꺾고 어학연수를 떠났다.

1년 후 어학연수를 마치고 돌아온 영우는 복학을 했다. '편입이기는 하지만 학교도 나쁘지 않고, 학점과 토익 성적도 괜찮고, 국제 경험도 쌓았으니 크게 뒤질 건 없다'는 생각이었다. 그는 자신과 잘 맞는 것 같은 대기업과 공기업 위주로 입사 지원서를 내기 시작했다. 그런데 면접을 보러 오라는 곳이 거의 없었다. 서류 전형에서 탈락한 것이다. 딱 한 번 면접을 볼 기회가 있었는데, 그 자리에 함께 있는 다른 지원자들을 보고 기겁을 했다. 외국 대학 출신자도 있고 공인회계사 자격이 있는 사람도 있고, 한마디로 스펙이 기가 막혔다. '이래서 내가 서류 전형조차 통과하지 못했구나' 하는 생각이 들었다.

그래도 영우는 대기업이나 공기업 취업을 포기하지 않았다. 자기 기준에 못 미친다는 생각이 드는 곳은 쳐다보지도 않았다. 계속 이곳저곳 입사 지원서를 내며 영어 공부를 더 했고 이력서를 잘 쓰는 지도도 받았다. 흔들리는 자신을 채찍질하며 동기 부여를 위해 강연도 들으러 다니고 책도 읽었다. 대개는 "꿈을 꾸고 노력하면 반드시 이룰 수 있다"는 것이 주된 내용이었다. 그러는 사이에 시간만 하염없이 흘러갔다. 대학을 졸업한 지도 2년이나 지났다. 치열하게 살았지만 아직 시작도 못 했다. 어느새 서른 살을 코앞에 둔 영우는 세상을 원망하기 시작했다.

'단지 입학한 대학이 좋지 않다고 해서 인재를 거부하다니, 정말 불공평한 세상이야.'

영우는 유능한 젊은이가 원하는 직장에 취업할 수 없는 이 사회의 구조가 잘못되었다고 생각했다. 자신과 같은 청년들의 아픔을 위로하며 어루만지는 책들도 여러 권 읽었다. 마음이 조금 편해졌다. 그러나 잠깐의 위로는 미래를 위한 근본적인 해결책은 되지 못했다.

'좀 더 스펙을 올려야 해. 그래, 대학원에 가자. 누구나 알아주는 명문 대학원에 가는 거야!'

그러나 이번에도 아버지가 반대하고 나섰다. 학문에 뜻을 두고 공부를 계속하려는 목표도 없이 취업의 시간을 벌고 학력과 학벌로 자신을 포장하기 위한 진학은 안 된다는 단호한 입장이었다. 영우는 아버지와 팽팽히 맞섰지만, 결국 아버지가 제시한 타협안을 받아들일 수밖에 없었다. 그것은 야간에 수업하는 전문대학원에 다니는 대신, 아버지가 소개한 중소기업에 취업하는 것이었다. 건실하고 장래가 밝은 좋은 기업이라고 했지만, 이름조차 들어 본 적 없는 회사가 달가울 리 없었다. 더구나 이렇게 되면 최고 수준의 직장에 들어가기 위해 그동안 들인 각고의 노력이 수포로 돌아가는 것이 아닌가?

영우가 그 중소기업에 입사하고 보니, 자신이 편입하기 전에 다녔던 대학의 동기가 그곳에서 일하고 있었다. 그 친구는 이 회사에 입사한 지 2년이 지났고, 대리 직함까지 달고 있었다. 영우는 자존심이 상했다. 보수도 낮은데다 사무실 환경도 형편없고 전문성 없이 이 일 저 일 다 하고 다녀야 했다. 게다가 수준 낮은 학교 출신의 동기가 상관이라니…….

영우는 그래도 참고 일해 보자고 여러 차례 결심했지만 계속 근무할 의욕이 생기지 않았다. 주변의 친구나 친척들에게 어느 회사 다닌다고 말하기도 창피했다. 어디 가서 명함도 못 내밀 만한 이런 직장에 다녀서는 여자 친구도 생기지 않을 것 같았다. 그렇게 1년 남짓 어영부영 생활했다. 직장에서 평가가 좋을 리도 없고, 질책을 듣는 것이 다반사였다. 결국 영우는 아버지에게 떠밀려 오다시피 들어온 직장을 그만두기로 결심했다.

'역시 이 길은 아니야. 나에게 어울리지 않아. 이제 스펙이 아니더라도 나이 때문에 대기업이나 공기업은 힘들어. 다른 길을 찾아야 돼. 차별과 연령 제한이 없는 새로운 길에 도전하자.'

영우는 노량진 고시촌에 들어갔다. 행정고시에 꼭 합격해서 지나온 세월만큼 보상받겠다는 목표를 세웠다. 그렇게 결심한 후 공부를 시작한 지 2년이 지났다. 그동안 1차 시험에만 두 번 내리 떨어졌다. 객관적으로 봤을 때 영우가 시험을 통과할 가능성은 낮아 보였다. 그러나 영우는 더 이상 다른 길이 없다고 생각한다. 이제 영우는 레벨을 낮추어 7급 시험에 도전하려 한다.

나는 어디로 가고 있는가

영우의 이야기는 특별한 사례가 아니다. 취업을 준비하는 많은 젊은 이들이 영우가 거쳐 온 길과 비슷한 행로를 걷고 있다. 영우도, 많은 젊은이들도 취업을 위해 열심히 노력하고 있다. 그렇다면 무엇이 문제인가? 취업난은 극복할 수 없는 이 시대의 불운인가? 사회적으로 많은 노력이 있어야 하겠지만 그것이 전부는 아니다. 나는 영우와 같은 젊은이들이 취업에 대한 관점을 근본적으로 바꾸지 않는다면 이런 문제가 되풀이될 것이라 생각한다. 어떤 취업이 좋은 취업인가, 좋은 취업을 하기 위해서는 어떻게 해야 하는가에 대한 합리적인 판단이 필요하다. 앞으로 이에 관한 이야기를 구체적으로 풀어갈까 한다.

2
좋은 취업이란 무엇인가

서울대학교 공학박사의 선택

29세의 전도유망한 청년이 있다. 그는 서울대학교 금속공학과를 졸업했고, 같은 학교 대학원에서 박사 학위를 받았다. 그가 전공한 분야는 산업계가 절실히 필요로 하는 첨단 기술 영역이다. 때문에 굴지의 대기업들은 그에게 관심을 보였다. 그는 대학에 남아 교수의 길을 갈 수도 있고, 여건이 좋은 대형 연구소에서 일할 수도 있었다. 그야말로 인생의 '꽃놀이패'를 쥔 셈이다.

과연 이 '스펙 좋은' 엘리트 청년은 어떤 선택을 했을까? 그는 한 치의 망설임도 없이 중소 전자 부품 회사 입사를 결정했다. 가족과 친구들은 그를 극구 말렸다. 왜 그런 어처구니없는 선택을 했는지 도무지 이해할 수 없다는 반응들이었다. 그러나 이 청년의 입장에서는 지극히 자연스럽고 당연한 결정이었다. 오래전부터 생각해 온 일이었기 때문이다. 그는 고등학교 시절부터 기업 경영인의 길을 꿈꿔 왔고 이를 위한 인생의 밑그림을 그려 두고 있었다. 중소기업에서 일하는 것 역시 그 그림의 일부였다. 대기업에서 제한된 업무만 하는 것이 아니라 기업 운영에 대해 보다 폭넓게 이해하고 싶어 했다.

그는 주변의 반대에도 아랑곳하지 않고 자신의 뜻을 관철시켰다. 얼마 못 다닐 것이라는 주위의 예상과는 달리, 청년은 이 중소기업에서 10여 년을 근무했다. 이 기간 동안 자신의 특기인 기술 분야뿐 아니라 인사, 재무, 마케팅 등 기업 경영의 제반 영역을 직접 경험했고, 극심한 노사분규의 현장을 보면서 경영에서 '사람'의 가치와 중요성에 대해 뼈저리게 느꼈다고 한다. 이렇게 기업 경영의 현장을 몸으로 부대끼며 체득한 청년은 자신의 계획대로 회사를 창업했고 세계적인 기술력을 갖춘 탄탄한 중견 기업으로 발전시켰다.

이는 언론에 여러 차례 소개된 적이 있는 ㈜아모텍 김병규 사장의 이야기다. 코스닥 상장사인 ㈜아모텍은 첨단 전자 부품 제조업체다. 삼성전자와 LG전자에는 없어서는 안 될 협력 업체이며, 모토로라와 소니에릭슨의 글로벌 파트너 기업이기도 하다. 이 회사는 2004년 대한민국 코스닥 대상 최우수 차세대 기업상을 받았고, 2010년 10월에는 한국거래소로부터 '코스닥 히든 챔피언 기업'에 선정되는 등 기술력과 성장성, 재무 안정성을 갖춘 훌륭한 기업으로 평가받고 있다.

좋은 취업이란 무엇인가?

좋은 여건을 뒤로하고 의외의 선택을 한 김병규 사장의 이야기를 책의 서두에 소개한 것은 중소기업의 장점을 강조하거나 중소기업 입사의 당위성을 설교하기 위함이 아니다. 나도 청년 취업의 최일선에서 일하면서 중소기업을 기피하는 젊은이들의 심정을 충분히 이해하고 있다. 그럼에도 김병규 사장의 이야기는 우리에게 취업에 대한 타당하고 유용한 관점을 제공하고 있다고 생각한다.

우선 청년 김병규는 철저히 자기 목표와 계획에 따라 취업했다. 남들이 좋다고 말하는 직장 대신 자신이 원하는 일을 선택한 것이다. 그는 소위 '객관적' 기준을 염두에 두지 않았다. 우리가 흔히 말하는 '좋은 취업'은 '나'의 기준을 벗어난 경우가 많다. 직장의 규모, 연봉, 안정성을 기준으로 서열을 만든 다음 상위 서열에 속하는 곳에 들어갈수록 "취업을 잘했다"고 말한다. 설령 그 자리가 자신의 목표나 계획과는 아무런 관련이 없거나 심지어 반대되는 것이라 할지라도 말이다. 여기에 '나'가 들어갈 자리가 없다. 외부 기준이 내 목표와 계획, 자기 주도성을 억누르기 때문이다.

둘째, '과정과 단계로서의 취업'을 바라보는 관점이 있었다. 취업 준비생들을 상담하다 보면 취업만 잘하면 앞으로의 인생이 다 해결될 것이라는 착각에 빠진 사람들을 심심치 않게 만날 수 있다. 그러나 이것은 잘못된 생각이다. 취업은 그야말로 직업인으로서의 인생에 첫발을 내디뎠다는 것을 의미할 뿐이다. 청년 김병규는 자신의 중소기업 행을 장대한 인생 계획의 한 과정이자 단계로 생각했고, 결국 그대로 됐다.

셋째, 성실한 근무 태도다. 극심한 취업난 속에서 자신이 뜻한 바대로 취업하는 경우는 매우 드물다. 많은 젊은이들이 자신이 원하지 않던 직장에서 근무하게 된다. 그런데 차이는 여기서부터 생긴다. 어떤 이들은 자책과 좌절에 빠져 세월을 탕진한다. "○○그룹 정도라면 젊음을 불태워 일할 텐데, 여기서는 도저히 일할 맛도 안 나고 그럴 필요도 없다"고 말한다. "평생 일할 곳이 아니라 거쳐 가는 직장이라면 대충 요령껏 하면 된다"고 말하는 사람도 있다. 그렇지만 이 또한 잘못된 생각이다. 이런 사람들에게는 더 이상 기회가 주어지지 않는다. 싫어하는 직장에서라도 버틸 수 있다면 행운이다.

반면 주위 사람들로부터 "그것도 회사라고……" 하는 비웃음을 사더라도 묵묵히 일하는 사람에게는 성장의 기회가 주어진다. 상대적으로 경쟁이 덜한 조직에서 핵심으로 성장할 수도 있고, 내부 구성원들이나 거래처의 인정을 받아 좋은 직장으로 이직할 수 있는 기회가 자연스럽게 주어진다. 그렇지 않더라도 업무 역량을 쌓고 인간적으로 성숙해져 폭넓은 인간관계를 맺는 등 평생 제대로 일할 수 있는 든든한 밑천을 마련할 수 있다. 이것만 있으면 언제 어디서든 성공할 수 있다.

청년 김병규처럼 자신이 선택한 직장에서 최선을 다해 열심히 일해야 한다. 그곳이 자신의 성에 차든 그렇지 않든, 혹은 평생 근무할 곳이든 몇 년 있다 지나갈 곳이든 상관없다. 성실히 근무할 때 성장할 수 있고 자연스럽게 좋은 기회가 찾아온다. 작은 일에 성실한 사람이 큰 일에도 성실한 법이다.

좋은 취업의 관점을 재정립하라

모든 사람이 인정하는 화려한 직장에 입사하는 것은 정말 좋은 일이다. 이를 부정할 생각은 전혀 없다. 할 수만 있다면 그렇게 하면 된다.

그러나 모두가 그런 것은 아니다. 경쟁에 밀려서든 아니면 본인의 강력한 의지 때문이든 그리 포장이 좋지 못한 직장을 선택해야 할 수도 있다. 이것은 과연 나쁜 취업인가?

우리는 좋은 취업의 관점을 재정립해야 할 것이다. 좋은 취업은 누가 규정하는 것이 아니다. 그것은 나로부터 출발한다. 내가 제대로 서 있다면 주변의 시선은 아무것도 아니다. 이미 나 자체가 거대한 우주다. 내가 소멸되는 순간 그 우주도 없어진다. '내 인생'이라는 이야기의 주인공은 바로 나다. 청년 김병규가 선택했듯 자신의 목표와 계획에 따른 인생의 한 단계로서의 직장을 선택해서 성실히 근무하는 것도 얼마든지 좋은 취업이 될 수 있다는 사실을 깊이 새겨야 할 것이다.

3

졸업 전에 취업하라

취업 전략의 우선순위

취업을 앞둔 대다수의 젊은이들이 이른바 '전략'을 세우고 이를 토대로 열심히 준비한다. 이렇게 취업 전략을 수립하는 것은 바람직하다. 그러나 문제는 그 내용이다. 전략 대부분이 '어떤 회사'에 들어갈 것인가에 편중되어 있다. 그리고 매우 중요한 것 하나가 빠져 있다. 바로 '언제' 취업할 것인가이다. 대기업 임원을 거치며 많은 사람들을 접하고 현재 취업 관련 회사를 운영하는 내가 보기에 언제 취업하느냐는 어떤 회사에 취업하느냐보다 훨씬 더 본질적이고 중요한 문제다.

그래서 감히 말한다. 졸업 전에 취업하라. 이것을 취업 전략의 핵심으로 삼아야 한다. 이 책에 담겨 있는 메시지의 상당 부분이 이 주제로 집결된다. 그만큼 중요하기 때문이다. 여러 청년 독자들이 의아한 표정을 띠며 반문할 수도 있다.

"좋은 회사에 취업할 수 있다면 시간을 조금 늦출 수 있는 것 아닌가요? 우선순위가 잘못된 것 같습니다."

언뜻 생각하면 타당한 지적이다. 그러나 현실을 고려해서 잘 생각해 보면 졸업 전에 취업한다는 목표가 우선순위에서도 앞부분에 놓여야 한다는 내 주장에 공감하게 될 것이다. 그 이유를 하나하나 짚어 보겠다.

시간이 해결할 수 없는 것들

『평생 성적, 초등 4학년에 결정된다』는 섬뜩한 제목의 책이 있다. 그런데 아이를 키워 본 어머니들의 상당수가 이 말에 공감한다. 그래서 이 책은 꽤 오랫동안 교육 부문 베스트셀러 목록에 올라 있었다. 슬프지만 취업의 현장에서도 이런 일이 벌어진다. 대학 3~4학년 정도면 취업할 수 있는 직장의 목록이 대략 확정된다고 보면 된다. 그 후 몇 년을 더 투자한다 하더라도 크게 달라질 것은 없다.

예를 들어 다른 부분은 괜찮은데 토익 점수가 시원찮은 4학년 학생이 있다고 하자. 이 학생은 취업을 조금 미루더라도 영어 공부에 시간을 투자하면 된다고 생각할 것이다. 그런데 이미 취업에 대한 압박감이 생긴 터라 투자할 만한 시간이 그리 많지 않다. 여러 문제로 신경이 분산된다. 돈도 많이 든다. 여러 기회도 포기해야 한다. 애초에 토익 성적이 낮았던 이유(외국어 습득에 관한 두뇌 역량이 낮다든가 하는 문제)도 여전히 남아 있을 것이다. 이 제한된 상황에서 획기적으로 점수를 올리기란 좀처럼 쉽지 않다. 다행히 이런 어려움을 뚫고 토익 점수를 비약적으로 올렸다고 해도 인사 담당자들은 이 부분을 그리 중요하게 여기지 않는다. 그리고 졸업 후 1~2년 동안 무엇을 했는지 날카롭게 질문할 것이다. 이때 토익 점수 몇십 점(몇백 점이라도 마찬가지다) 올리기 위해 시간을 투자했노라고 대답할 수는 없을 것이다.

냉정하게 말해 4학년 1학기쯤이면 앞으로 어떤 직장에 취업할 수 있는지 그 윤곽이 형성된다고 볼 수 있다. 시간을 더 들인다고 해도 달라질 가능성은 높지 않다. 물론 예외적인 경우도 있겠지만 그 확률은 매우 낮다. 이 행운이 자신에게 돌아올 것이라고 기대를 품고 산다면 그는 긍정적인 사람이 아니라 허황된 사람일 것이다.

데드라인 효과

폭탄에 장착된 시계의 초침이 째깍째깍 소리를 내며 돌아가고 있다. 이제 남은 시간은 1분밖에 없다. 이 시간 안에 폭탄을 해체해야 한다. 영화나 드라마에서 많이 보던 진부한 장면이다. 그런데 우리는 이 익숙한 설정에도 매번 긴장감을 느끼며 몰입한다. 데드라인 효과가 발휘되기 때문이다. 기업에서 납기일은 결정적이다. 품질은 1점에서 100점으로 채점할 수 있지만, 납기는 0점과 1점밖에 없다. '품질 × 납기'가 제품의 최종 점수인데 아무리 품질이 뛰어난 제품이라도 납기일을 어기면 0점짜리가 된다. 그러므로 제한된 일정 안에 우수한 제품을 만들어 공급하기 위해 기업 조직은 최선을 다한다. 이 힘겨운 기간 동안 기술이 발전하고 팀워크가 생기고 조직 문화가 꽃을 피운다.

취업 준비에도 데드라인을 설정하는 것이 매우 효과적이다. "될 때까지 한다"는 식의 방만한 생각은 긴장과 몰입을 주지 못한다. 엄격한 데

드라인을 세워놓고 일정을 거꾸로 계산하는 방식으로 취업을 준비하는 것이 효과적이다. 예를 들어 '졸업식 전날까지'라는 취업 목표가 있으면 "3학년까지 기본 어학 점수와 자격증을 취득하고, 3학년 겨울방학 때 인턴이나 아르바이트 경력을 쌓는다. 4학년 1학기까지 기본적인 준비를 끝낸 후 2학기에 접어들면 1차 도전을 하고 여의치 않으면 기준치를 낮춘다"는 등의 기본 계획을 세울 수 있다. 이것을 엄중히 지키면 졸업이 임박할 때까지 우왕좌왕하다가 나중에 원망과 자기 연민에 빠지는 무계획적인 태도를 극복할 수 있다.

'취업 시기'로 승부하라

여기서는 '어떤 직장'이냐를 중심으로 한 기존의 취업 전략 대신에 '언제'냐를 중심으로 하는 새로운 전략을 제시한다. 졸업 전에 취업하겠다는 분명한 목표부터 세워라. 4학년 1학기면 더욱 좋지만 현실적으로는 가능성이 없으니, 4학년 2학기에는 취업이 결정되도록 일정 계획을 세워라. 백번 양보해서 졸업 후 6개월을 넘겨서는 안 된다. 도피성 휴학은 계획에 포함시키지 않는다. 이것을 우선순위의 정점에 놓고 다음 계획을 세워라. 앞에서 말했듯 데드라인을 중심으로 세밀하게 준비 일정을 짜라. 그리고 그 시기까지 현실적으로 취업할 수 있는 직장의 목록을 점검하라. 이때 인생과 직업의 원대한 비전을 잊어서는 안 된다.

취업의 시기가 전략과 목표의 핵심이 되면 취업 준비와 계획이 분명해지고 활동의 현실성도 생긴다. 제때 취업하는 것에 치중하다가 좋은 직장을 놓치지 않을까 걱정하지는 마라. 데드라인 효과를 활용하여 집중력을 높인다면 더욱 엄밀하게 직장을 물색하고 선택할 수 있으며 체계적으로 준비할 수도 있다. 오히려 좋은 취업을 할 가능성이 높아지는 것이다. 쇠가 뜨겁게 달아올랐을 때 두드려야 좋은 칼을 만들 수 있다. 취업 준비생들은 이 점을 늘 염두에 두어야 한다.

4

취업 적령기는 따로 있다

취업에도 때가 있다

앞에서 원칙적으로 대학을 졸업하기 전까지, 아무리 늦더라도 졸업 후 6개월 이내에는 취업한다는 전략적 목표를 세우라고 말했다. 왜 시기를 그토록 강조했을까? 4학년 2학기부터 졸업 후 6개월까지가 취업 적령기이기 때문이다. 이는 나의 개인적인 생각이기는 하지만, 기업 인사 담당자들의 신입사원 채용 기준이기도 하다.

깊은 연륜 속에 녹아난 삶의 지혜를 갖춘 어른들은 늘 말씀하신다. "모든 일에는 때가 있다." 생각할수록 옳은 말이다. 공부를 해야 할 때가 있고, 결혼을 해야 할 때가 있고, 취업을 해야 할 때도 있다. 이러한 '제때'를 놓치면 그만큼 삶이 고단해진다.

나는 진학 적령기나 결혼 적령기보다 취업 적령기가 훨씬 더 중요하고 절대적이라 생각한다. 취업 적령기는 그 시기가 더 짧고, 한 번 때를 놓치면 다시 기회를 잡을 가능성이 훨씬 더 낮아지기 때문이다. 텔레비전이나 신문 등 각종 언론에는 어떤 일을 늦게 시작해서 성공한 사람들의 이야기가 한 번씩 등장한다. 이런 사례를 들어 "나이는 숫자에 불과하다. 취업 적령기는 따로 없다"고 말할 수도 있다. 과연 그럴까? 우선 이런 이야기들은 극히 소수에 불과하다. 그래서 뉴스거리가 되고 감동을 주는 것이다. 또한 특정한 직업 분야에 늦게 진입한 사람들의 성공담은 대체로 취업이 아니라 창업 쪽에 초점이 맞춰져 있다. 무엇보다 주목할 것은 제때 그 일을 시작했더라면 겪지 않았을 수많은 고초를 당사자와 그 가족들이 감내해야 했던 눈물겨운 사연이다. 이처럼 취업 적령기의 중요성을 부정하는 것 같은 사례조차도 제때 취업의 중요성을 강조하고 있다.

나이는 중요한 스펙이다

스펙이라고 하면 학벌, 학력, 어학 시험 점수, 외국어 실력, 국제 경험, 실무 관련 자격증, 업무 경험 등을 떠올릴 수 있다. 이 밖에도 여러 가지를 스펙으로 들 수 있겠지만, '나이'가 중요한 스펙으로 작용한다는 사실을 인식하는 사람들은 그리 많지 않은 것 같다. 그러나 이것은 엄연한 사실이고 현실이다.

입사 전형 절차에서 기업 인사 담당자들은 나이를 중요한 평가 기준 중 하나로 따진다. 기업 조직은 기본적으로 인력의 순환을 순리로 삼는다. 나이가 많은 사람들이 하나하나 회사를 떠나면 단계적으로 승진이 이루어지고 맨 밑자리를 젊은이들이 채운다. 그래야 조직이 노화되지 않고 활력을 유지할 수 있다. 감각도 중요한 요소다. 10~20대가 중요한 소비층으로 등장한 지금, 그들의 욕구를 반영하기 위해서는 젊은 감각이 필수다. 그래서 기업은 한 살이라도 더 젊은 사람들을 원한다. 2~3년 차이가 그리 중요하냐고 반문할 수도 있다. 간단히 답하자면 중요하다. 여성 잡지나 패션 시장에서는 제품과 브랜드의 타깃을 19~21세, 21~23세, 23~25세 등과 같이 2년 내외로 조밀하게 잡는다. 2년이면 세대 차이를 느낄 정도라는 것이다.

기업 인사 담당자들은 취업 적령기에서 벗어난 시간에 대해 궁금하게 생각한다. 인생의 공백기처럼 생각하는 것이다. 그동안 이 사람은 무엇을 했을까? 왜 그랬을까? 그리고 이 시간의 정당성을 입증하라며 지원자의 속을 뒤집어 놓는 질문을 던질 수도 있다. 이 질책성 질문을 피해가기란 쉽지 않다. 자기 나름대로는 불가피한 시간이었겠지만, 다른 사람들이 아무런 오해 없이 이를 이해하고 받아들일 것이라 생각한다면 큰 착각이다.

이처럼 나이는 중요한 스펙이다. 이런 배점이 높은 영역을 포기하면서까지 배점이 거의 없거나 약한 영역에서 스펙을 쌓겠다고 나서는 것은 정말 무모한 일이다.

나이 많은 막내

우리나라에서 '나이'는 막강한 영향력을 발휘한다. 친구 사이였는데도 나중에 나이를 속였다는 사실이 드러나 폭행으로까지 이어지는 사건이 심심치 않게 일어난다. 철저한 계급사회인 군대에서도 마찬가지다. 나이

어린 소대장(소위나 중위)은 자신보다 나이가 많은 하급자인 부사관들에게 말을 놓지 않는다. 하물며 기업 조직은 어떠하겠는가. 부서의 막내로 일하다가 신입사원을 받았는데 이 사람이 자신보다 두세 살 나이가 많다면 얼마나 불편할까. 거침없이 업무를 지시하거나 야단을 치기가 어려울 것이다. 나이 많은 신입사원 입장에서도 속상하고 불편한 것은 당연지사다. 처음에는 나이 따위는 따지지 않겠다고 굳게 결심하지만 사소한 일에도 서럽고 속상한 생각이 든다.

급여나 승진 등의 처우에서도 여러 가지 갈등이 생긴다. 나이가 많은 막내들은 입사 당시에는 나이가 아니라 입사 연차를 기준으로 한 처우를 자연스럽게 받아들인다. 그런데 시간이 어느 정도 흐르면 동갑내기들의 직위나 급여 수준과 자신을 비교하기 시작한다. 때로는 나이에 합당한 대우를 해달라고 요구하기도 한다. 자신은 절대 그러지 않을 것이라 생각하지만 이런 전형적인 경우를 벗어나는 사람은 얼마 되지 않는다.

기업에서 인사권을 가진 사람들은 이미 이런 사실을 경험적으로 알고 있다. 특별한 경우가 아니라면 애써 조직적 불편을 감수할 필요가 없기에, 취업 적령기를 지난 신입사원은 채용하지 않으려 한다.

취업에서 나이는 결코 숫자에 불과한 것이 아니다. 그것은 절대적인 중요성을 갖는다. 그런 점에서 더 좋은 직장에 들어가겠다고 시간을 끄는 것은 어리석은 일이다. 그나마 상대적으로 좋은 직장에 들어갈 가능성조차 희미해지기 때문이다. 어렵사리 늦은 취업에 성공했다 하더라도 두고두고 우환이 될 수 있다. 취업 현장에서 장고(長考) 끝에 악수(惡手)는 이렇게 일어난다.

5

스펙에 올인한 당신의 최후

스펙에 관한 오해

취업에는 스펙이 중요하다. 그래서 많은 젊은이들이 스펙 쌓기에 여념이 없다. 나 역시 스펙의 중요성을 부정하지는 않는다. 기업이 사람을 뽑는 중요한 근거 자료이기 때문이다. 기업들은 인성이 좋고 능력이 뛰어나거나 장차 그렇게 될 사람들을 채용하고 싶어 한다. 그런데 한 사람의 두뇌와 심장을 속속들이 파악할 길이 없다. 그래서 그것을 파악할 수 있는 증거자료를 찾는데, 이것을 스펙이라고 보면 된다. 말하자면 명문 대학에 입학해서 우수한 성적으로 졸업한 사람이라면 머리가 좋고 성실한 성품을 가졌을 가능성이 높다고 생각하는 것이다.

그런데 여러 해 상당수의 취업을 준비하는 젊은이들을 만나 이야기하면서 그들이 스펙에 대해 잘못된 생각을 하고 있다는 사실을 발견했다. 잘못되었다고 단정적으로 말하는 이유는 기업 채용 담당자들의 생각과 어긋나기 때문이다. 여기에 대해서는 2부 제1장 '회사가 원하는 것은 따로 있다'에서 자세히 다루었으니 참고하기 바란다.

요컨대 우리가 흔히 말하는 스펙은 학벌, 학력, 공인 어학 점수, 자격증 등 소위 '공부'와 관련된 것이다. 이것은 그 사람의 여러 면을 파악하기 위한 자료일 뿐이지 그 사람의 속성 그 자체는 아니다. 그런데 많은 젊은이들이 스펙 그 자체가 핵심이고 본질인 것처럼 생각하고 여기에 사생결단으로 매달린다. 이것은 정말 효과적이지 못할뿐더러 위험하기까지 하다.

스펙 쌓기의 함정

취업에 스펙이 필요하다고 해서 그것을 쌓는 데 많은 시간을 투자하는 것이 효율적일까? 현실적으로 말하면, 그렇지 않다. 많은 시간과 기회비용이 투입되기 때문이다. 예를 들어 생각해 보자. 솔직히 말해 학벌은 스펙에서 매우 중요한 비중을 차지한다. 어느 대학 출신인가는 그 사람의 여러 면을 드러낸다. 그런데 학벌이 좋지 않은 사람이 그것을 만회하고자 명문대 편입이나 명문대 대학원 진학이라는 방법을 선택하는 것이 합리적일까? 더 공부하고 싶은 욕구 때문이라면 굳이 말릴 이유가 없겠지만, 스펙을 위해 이런 길을 선택하는 것은 그리 현명해 보이지 않는다. 왜냐하면 우리 사회에서 스펙이 되는 학벌이란 '어느 대학(학부)에 입학했는가'가 현실적인 기준이기 때문이다. 편입이나 대학원 진학으로 얻을 수 있는 스펙 상승효과는 그다지 높지 않다. 그런데 굳이 이 정도의 스펙 상승을 위해 시간과 비용, 노력을 쏟아 부어야 할까? 그것보다는 다른 본질적 요소를 강화하거나 학벌을 중요하게 여기지 않는 회사를 중심으로 입사 지원하는 방법이 현실적일 것이다.

토익이나 토플 같은 어학 시험 점수가 높지 않은 경우도 마찬가지다. 특별한 사정이 있어 점수를 따지 못했다면 문제가 다르다. 그러나 한다고 했는데도 지금까지 점수가 낮다면 앞으로도 마찬가지다. 큰 결심을 하고 방법을 바꾼다고 해도 성적이 조금 오를 뿐 비약적인 상승은 좀처럼 없다. 그러니 이 몇 점의 점수를 위해서 지나치게 노력할 필요는 없다.

내일 중요한 시험을 치르는 수험생이라면 지금 당장 점수를 상승시킬 수 있는 폭이 큰 과목과 분야를 공부할 것이다. 단 1점짜리 어려운 문제를 푸느라 얼마 안 되는 시간을 낭비하지는 않는다. 취업도 마찬가지다. 스펙을 쌓기 위해 노력하되 합리성을 잃지 말아야 한다. 상승시킬 수 있는 여지가 많지 않은 부분을 만회하기 위해 과도한 투입을 하는 것은 일종의 낭비다.

스펙은 절대적이지 않다

앞에서 스펙이 중요하다고 말했다. 대기업 임원으로 일했던 경험을 바탕으로 솔직히 말하건대, 입사 지원자의 스펙은 그 사람을 평가하는 의미 있는 기준이 된다. 어떤 책에선가 스펙은 아무것도 아니라고 적힌 것을 보고 황당했던 기억이 난다. 나는 당신의 스펙이 부족하더라도 그것이 취업에 거의 영향을 끼치지 않으니 걱정할 것 없다는 식의 사탕발림은 하지 않을 것이다.

그렇지만 한 가지 희망적인 사실이 있다. 스펙이 절대적이지는 않다는 것이다. 대기업이든 중소기업이든 관계없이 스펙을 고려하는 정도는 회사마다 다르다. 또한 중요하게 고려하는 요소 역시 다르다. 그래서 객관적으로 스펙이 훨씬 뛰어난 사람이 떨어지고 그보다 못한 사람이 합격하는 일이 일어나는 것이다. 스펙은 절대 지표가 아니다. 만약 그렇다면 스펙의 항목마다 점수를 매겨서 통계를 내면 간단하게 채용 전형이 해결된다. 심층 면접이니 하는 것들은 별 소용도 없을 것이다.

기업 인사 담당자들을 대상으로 한 조사에 따르면 기업이 구직자들을 평가하는 중요한 요소는 도전 정신, 자기 관리 능력, 문제 해결 능력, 직무 몰입도, 조직 충성도, 직업윤리 등이었다. 소위 스펙에 해당하는 것은 우선순위에 들어 있지 않았다.

스펙이 뛰어나든 그렇지 않든 핵심적으로 다루어야 할 요소는 따로 있다. 이런 속성을 연마해야 하고 그것을 표현할 수 있어야 한다. 그래야 취업에 성공할 수 있다.

스펙 조절 전략을 세워라

스펙에 관한 취업 전략을 수립해 보자. 쉽게 이해하기 위해 2×2 매트릭스를 이용한다. 이 매트릭스의 X축은 준비의 용이성이다. 오른쪽으로 갈수록 더 쉽다. Y축은 취업 전형에서의 중요성이다. 위로 올라갈수록 중요하다.

우리가 흔히 말하는 스펙은 왼쪽 상단에서 하단까지 걸쳐 있다. 여기서 스펙을 왼쪽 하단에 넣는 사람들도 있는데 그것은 지금 현실과는 맞지 않는다. 쉽게 갖출 수 있는 스펙은 제대로 인정받을 수 없기 때문에

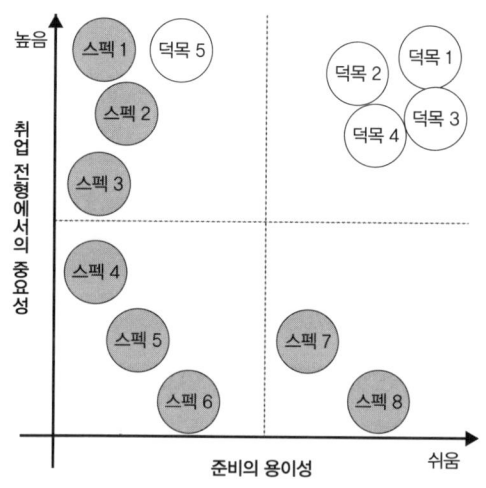

오른쪽에 넣지는 않는다. 오른쪽 상단에는 충성심, 성실함, 자기 통제력, 문제 해결 능력, 몰입도 등의 본질적 가치 중에서 나의 성품과 일치하는 덕목들이 위치한다. 스펙 중 상단이나 하단에 들어갈 요소는 취업할 업종이나 회사에 따라 다르다. 그러니 분명한 자기 기준이 있어야 한다.

앞으로 1년 안에 취업하겠다는 목표를 세운 대학 4학년이 있다고 하자. 이 학생은 어떤 준비 전략을 세워야 할까? 시간이 부족하므로 오른쪽 상단에 있는 요소들을 가장 먼저 고려하는 것이 좋다. 이 요소들을 최대한 잘 부각시킬 수 있도록 표현하여 구체적인 사례나 이야기를 만드는 과정이 필요하다. 여기에 관해서는 이 책의 2부와 3부에 걸쳐 자세히 설명하고 있다.

취업 준비를 위한 시간이 많이 남은 사람이라면 왼쪽 상단과 오른쪽 상단을 함께 준비하면 좋다. 그러나 결정적 순간이 다가올수록 오른쪽 상단에 집중하는 것이 효과적이다. 반면 오른쪽이든 왼쪽이든 매트릭스의 아랫부분에 속한 것일수록 신경 쓰지 않는 것이 좋다. 스펙이라고 무조건 좋은 것은 아니다. 자칫하면 쓸데없이 시간만 낭비할 수도 있다.

자신의 목표와 관점에 따라 이 매트릭스에 항목들을 직접 써 보면서 나만의 합리적 취업 전략을 수립해 보자.

6

절박함 속에 새로운 길이 있다

취업 미루기

대학을 졸업한 지 2년 남짓 된 취업 준비생이 우리 회사를 통해 취업 컨설팅을 받은 적이 있다. 크게 뛰어난 스펙을 갖춘 것은 아니었지만 차분하고 성실해 보이는 인상이었다. 그러나 면접을 보는 족족, 최종 면접에서 떨어지기를 거듭 했다. 그녀는 마지막 관문에서 실패하는 상황에 대해 안타까운 심정을 토로했다고 한다. 우리 회사의 컨설턴트 역시 심성이 좋고 의지도 있으며 그런대로 실력을 갖춘 사람이 왜 계속 좌절하는지 마땅한 이유를 찾지 못해 몹시 답답하게 생각했다. 그러나 얼마 후 우리는 그녀가 면접을 봤던 회사의 인사 담당자로부터 충격적인 이야기를 들었다.

"우리도 그 사람을 선호했습니다. 그런데 입사 의지를 묻는 형식적인 질문에 분명하게 대답하지 않더군요. 우리 회사에 취업할 생각도 없으면서 왜 면접 자리에 나왔는지 모르겠습니다."

그녀와 전화 통화를 하며 부드럽게 이유를 물었다. 그녀의 심경은 복잡했다. 그 회사에 취업할 작정으로 면접을 보았지만 막상 현실로 다가오니 이상한 거부감이 들었다고 말했다. 앞으로 더 좋은 회사가 있을지도 모르는데, 기회를 날리는 건 아닌지 걱정이 되기도 하고 취업해서 잘 근무할 수 있을지 겁도 났다는 것이었다.

이렇게 극단적인 사례까지는 아니더라도 나는 의식적으로나 무의식적으로 취업을 미루는 사람들을 많이 만나 보았다. 마땅한 직장이 없거나 입사 전형에서 떨어져서 취업을 못하는 것이 아니라 취업 자체를 거부하는 사람들도 있다. 설마 그렇기야 하겠냐고 의심하는 분도 있을 것이다. 그러나 이것은 취업 현장에서 심심치 않게 등장하는 일이다. 분명 공감하는 사람도 꽤 있을 것이다.

'미루는 것'이 산만하고 게으른 사람들의 전유물이라고 생각하기 쉽다. 그러나 집중력이 뛰어나고 부지런한 사람들도 잘 미룬다. 그리고 특히 중요한 것을 미루는 경향이 있다. 심리학적으로 무엇인가를 미루는 이유는 완벽에 대한 집착과 실패에 대한 두려움 때문이라고 한다. 취업을 미루는 이유도 이와 일맥상통하는 것 같다. 좀 더 좋은 기회가 있을 것이라는 기대와 함께 막상 취직했는데 그 직장이 마음에 들지 않거나 적응하지 못할 수 있다는 걱정 때문에 취업을 미루는 것이다. 그래서 이를 노골적으로 거부하는 사람들도 있고, 면접 자리에서 자기도 모르게 부적절한 행동이나 답변을 해서 회피하기도 한다.

이렇게 그들은 '준비'라는 이름 뒤에 숨는다. 그리고 그 생활에 젖어들어 취업이라는 신세계에 들어가는 것을 회피한다. 영화 〈쇼생크 탈출〉에서 모건 프리먼이 연기한 브룩스라는 인물은 감옥 생활에 안주한 나머지 그토록 원하던 자유를 되찾는 것을 두려워한다. 심지어 그는 가석방 후 자살을 시도하기도 한다. 이처럼 취업에 어려움을 겪는 사람이라면 한 번쯤 내가 나도 느끼지 못한 사이에 취업을 거부하고 있는 것은 아닌지 생각해 보기 바란다.

자존감 회복을 위하여

취업을 미루는 가장 흔한 방법은 '내가 원하는 회사'에 가기 위해서라는 명목으로 '나를 원하는 회사'를 거부하는 것이다. 물론 우리 사회는 직업 간, 직장 간 소득 격차가 낮고 안전망이 잘 갖추어진 북유럽 같은 이상적인 곳이 아니다. 어디에 취직해서 어떤 일을 하느냐에 따라 보수와 근무 여건이 달라진다. 그래서 젊은이들은 더 나은 직장을 찾는다.

그러나 이것은 함께 극복해야 하는 동시에 받아들여야 할 현실이다. 사회적으로 인정받는 좋은 직장만이 자존감을 높이는 길이 아니다. 시간을 끌수록 좋은 직장을 찾을 가능성은 점점 더 낮아진다. 경제적으로 불안정해질 뿐만 아니라 나의 가치와 의미를 찾을 수 없어 자괴감에 빠지게 된다. 그러나 사회 속에서 자신의 역할을 해낸다는 생각이 들 때 자존감은 회복되며 자신감과 자기 효능감이 생긴다. 그때 비로소 좋은 직장 생활을 할 수 있다는 사실을 명심해야 할 것이다.

현실을 직시하자

생각은 행동을 낳는다. 모든 일은 '생각'을 실천한 '행동'의 결과다. '하

다 안 되면……'이라는 생각은 다른 출구를 준비하게 한다. 대학원, 어학
연수, 고시공부, 아르바이트 다 좋다. 하지만 그 길을 선택한 자신의 속
마음을 정직하게 들여다봐야 한다. 그 선택이 원하는 것을 얻기에 턱없
이 부족한 자신을 방어하려는 의도는 아닌지, 안전한 둥지에 더 머물고
싶을 만큼 사회가 두려웠던 것은 아닌지, 아니면 여전히 부모가 물어다
주는 먹이로 먹고 살 만하다는 헛된 믿음 때문은 아닌지 등에 대해서
진지하게 성찰해 볼 필요가 있다.

지금 세계 경제는 위기에 빠져 있다. 경제가 고속 성장하고 이에 따라
많은 기회가 주어졌던 예전과는 다르다. 대체로 부모님들의 경제 상황이
좋지 않다. 부동산이 자산 대부분을 차지하던 이들에게 위기가 찾아왔
다. 자식들에게 과도한 교육비를 투자하고 적절하게 노후를 준비하지 않
은 부모님 세대는 심각한 현실에 마주하고 있다.

이제 더 이상의 미루기는 그쳐야 한다. 보고 싶지 않더라도 세상을 향
해 눈을 크게 떠야 한다. 지금 현실은 절박하다. 부모들은 허리가 휘게
뒷바라지하는데, 자식들은 그 힘으로 애써 자신의 '절박함'을 외면하고
있다. 절박함을 인정하고 '행동'에 나서야 한다. 준비라는 핑계로 현실에
서 도피하지 말고 절박함 속에서 새로운 길을 찾아 나서자.

7

취업은 한 방이 아니다

한 방 선호 사상

한의학 계통의 병원으로 전화가 한 통 걸려 왔다. "거기 한 방 병원이죠?" 수화기 너머로 남자의 목소리가 들린다. 발음이 조금 이상하기는 하지만 맞는 이야기라 "예, 한방병원 맞습니다"라고 대답했다. "제가 허리가 아픈데 침 한 방으로 낫는 거 맞죠?" "아니, 뭐라고요?"

언젠가 라디오 프로그램에서 들은 우스갯소리다. 그런데 단순히 웃을일만은 아닌 것 같다. 우리에게 언제부터인가 '한 방'을 기대하는 불건전한 심리가 생겼기 때문이다. 취업도 마찬가지다. 한 번 좋은 직장에 취직하면 정년까지 안정된 생활을 할 수 있으리라 기대한다. 또한, 전문적인 자격증을 한 번 따면 그것으로 평생 고수입을 보장받을 수 있다고 여기기도 한다.

과연 현실이 그럴까? 구직자들이 대기업을 선호하는 큰 이유는 안정성 때문이라고 말하는 사람들이 많다. 조사 결과에 따르면 우리나라 100대 기업의 평균 근속연수는 11.5년이다. 기업 전체 평균인 8.5년과 비교해서 큰 차이가 없다. '평생직장' 개념은 사라진 지 오래다. 어렵게 취업을 했다 하더라도 경쟁에서 이기지 못하면 도태될 가능성이 크다. 취업 한 번 잘했다고 해서 해고될 염려가 없고 노후가 보장된 멋진 직장에서 편하게 일하며 멋진 여가를 즐길 수 있으리라는 생각은 완벽한 착각이다.

변호사나 공인회계사 같은 전문 자격을 바탕으로 한 직업 세계도 마찬가지다. 상대적으로 고수입이기는 하지만 고객을 확보하지 못하면 한순간에 몰락하고 만다. 그래서 희소한 자격을 기반으로 하는 전문직 세계에서조차 처절한 경쟁이 벌어지고 있다.

자연에 의지를 더하다

세상에는 자연적으로 이루어지는 일이 많다. 내가 관심을 갖고 노력하지 않아도 시간이 흐르고 계절은 바뀌고 산과 들에 꽃은 피었다가 진다. 그러나 농사를 짓거나 정원을 조성하는 일은 다르다. 자연적인 흐름에 의도성을 덧붙여야 한다. 채광과 토양이 적합한 땅에 씨앗을 심고 물을 주고 잡초와 해충을 제거하며 세심하게 보살펴야 한다. 인내심을 가지고 성장 과정에 개입해야 한다. 우리 회사에서는 매년 5월이 되면 옥상에 공간을 마련하여 고추 모종을 심는 행사를 한다. 이를 위해 3월부터 흙을 뒤집고 퇴비를 섞어 좋은 토양을 만드는 작업을 한다. 그리고 전 직원들에게 고추 화분을 하나씩 배정한다. 관심을 갖고 지켜보고 잘

가꾸라는 뜻이다. 이 소박한 과정을 통해 우리는 많은 것을 배운다. 생명의 신비, 자연의 힘, 환경의 중요성, 성장의 의미 등을 자연스럽게 체득하곤 한다. 그리고 그저 자연스럽게 일어나는 것처럼 보이는 일들에도 사람의 수고가 깃들어 있다는 사실을 깨닫는다. 이렇듯 고추를 키우는 작은 일에도 자연과 땀방울이 결합해야 한다. 그래야 결실을 맺는다.

삶의 여러 영역들 역시 그저 주어지는 것은 아니다. 취업도 마찬가지다. 시간이 능사가 아니다. 나는 가만히 있는데 자연스럽게 좋은 일이 찾아오지는 않는다. 그것은 동화나 텔레비전 드라마에서만 펼쳐지는 환상이다. 특정한 의도를 가지고 꾸준히 노력해야 한다. 취업을 앞둔 사람들에게 꼭 필요한 것은 목표라는 이름의 의도와 이에 수반되는 실천일 것이다.

여러 방 도전하라

한 번 취업을 잘하는 것으로 직업에 대한 평생의 걱정거리가 사라지는 시대는 지났으니 이제 취업에 대한 전략을 다시 짜야 한다. 우선 자신만의 장기적인 커리어 플랜이 필요하다. 어떤 일을 할지 결정하고 장기 목표를 세워야 한다. 그리고 이에 따라 단계적인 취업 플랜을 세운다. 거듭 강조하지만 자기 목표와 관점에 따른 제때 취업과 성실한 근무가 무엇보다 중요하다.

'한 방'에 대한 망상을 떨치고 나면 진정한 젊음을 회복할 수 있다. 그때부터 매일매일 새로운 도전이 펼쳐진다. 늘 도전 목표를 설정하고 이를 달성하기 위해 활력이 넘치고 창의적인 삶을 살 수 있다. 또한 세상에 대한 호기심이 넘쳐나 끊임없이 배우며 실천하는 행동 지향적인 태도를 갖게 된다.

한 방의 취업으로 앞으로 펼쳐질 직업 생활의 모든 것을 해결할 수 없다. 이것은 달갑지 않은 현실인 동시에 무한한 기회를 담은 기쁜 소식이다. 나에게 결정적인 한 방이 주어지지 않았다 하더라도 여러 차례의 도전을 통해 더 크고 찬란한 인생을 가꾸어 갈 수 있기 때문이다.

8

꿈을 위한 오늘의 한 걸음

무슨 일을 하고 싶습니까?

우리 회사는 노동부의 '중소기업 청년 인턴제' 사업을 위탁 운영하고 있다. 그래서 젊은이들이 자신의 능력과 적성, 비전에 맞는 일을 찾을 수 있도록 그들을 인터뷰하는 일이 잦다. 그런데 인터뷰를 해보니 근본적인 난제가 도사리고 있었다. 많은 젊은이들이 '자신이 하고 싶은 일이 무엇인지'를 모르고 있었다. 다음은 우리 회사 컨설턴트와 입사 지원자가 나눈 대화 내용이다.

"무슨 일을 하고 싶습니까?"

"사무직이요."

"사무직 중에서 어떤 분야입니까? 구체적으로 총무나 인사도 있고 회계 분야도……."

"외국계 회사에 가고 싶어요."

"왜요?"

"여자에게 안정적인 것 같아서요."

"주위에 외국계 회사에 다니는 사람이 있어요?"

"아니요."

"그럼 무엇을 근거로 그렇게 생각했어요?"

"그렇지 않나요? 외국 회사는 자기 일만 딱 하고, 출산 휴가도 주고……."

"외국계 기업이라고 꼭 그런 건 아니에요. 정규직 잘 안 쓰고 파견직 쓰는 곳도 많아요. 사무직이나 외국계 회사 같은 막연한 것 말고, 구체적으로 '이런 종류의 일을 하고 싶다'고 생각한 걸 말해 보세요."

상대방은 묵묵부답이었다. 이런 식의 상담은 숱하게 일어난다. 사회와 직업, 취업에 대한 관점이 정립되어 있지 않기 때문일 것이다.

'어떤 규모의 회사, 어떤 업종의 회사에 들어가는가?'보다 중요한 것은 '어떤 일을 할 것인가?'다. 즉 '회사'보다는 '직무'를 선택해야 한다는 말이다. '나는 어떤 사람이고, 어떤 삶을 살고 싶으며, 어떤 일을 하고 싶은가?'에 대해 스스로 답할 수 있어야 한다.

그러기 위해서는 적어도 10대 때부터 자신의 삶에 대해 고민하고 자기가 잘하는 것과 좋아하는 것, 하고 싶은 것 등에 대해 적극적으로 생각해 보아야 한다. 그리고 그러한 삶을 살아가기 위해서는 어떤 준비를 해야 하는지 가능한 한 구체적으로 알아봐야 한다. 그런 후 자기의 꿈과 비전을 기준으로 대학의 전공 학과를 선택하는 것이 가장 바람직하다.

설령 10대 때 그렇게 하지 못했다 해도 실망할 필요는 없다. 20대 때 하면 된다. 20대에 세운 꿈과 비전을 기준으로 최소한 '자신이 일하고 싶은 업의 종류'를 정하자. 그리고 자신이 택한 업종에서 구체적으로 어떤 직무를 수행하기를 원하는지 결정해야 한다. 자칫 잘못하면 자기 적성에 맞는 직무를 찾기 위해 여러 직무와 업종을 전전하다가 자신감만 잃을 수도 있다.

'아, 나는 할 줄 아는 게 하나도 없어. 난 쓸모없는 존재인가 봐. 내가 그렇지 뭐. 난 뭘 해도 안 돼. 내가 이렇게 된 것은 사회 탓이야. 부모님 탓이야. 학교 선생님 탓이야.'

초조해져서 안정감이 떨어지면 자신을 포기하거나 상황을 다른 사람의 잘못으로 돌리게 된다. 심리적으로 '방어 본능'이 생기는 것이다. 그리고 이렇게 자신에 대해 직시하지 못하고 방어만 하는 사이에 삶은 피폐해진다. 취업에 성공하기 위해서, 궁극적으로 행복한 삶을 살기 위해서는 목표가 분명해야 한다.

오늘은 짧고, 인생은 길다

우리 회사 직원 중 한 사람은 멋진 자녀 둘을 두었다. 그의 딸은 미용 전문 고등학교를 졸업한 후 외국에서 미용 공부를 하고 돌아와서 자기 미용실을 내는 게 꿈이다. 그런 꿈 때문에 수당을 받지 않는데도 미용실 견습 사원으로 일하는 것이 즐겁다고 한다. 자기 꿈을 이루려면 실력이 있어야 하는데 그것을 쌓을 수 있는 기회가 주어져 기쁜 마음으로 할 수 있다는 것이다. 아들은 일식에 관심이 많다. 어린 나이지만 벌써

조리사 자격증을 두 개나 땄다. 그는 일식 퓨전 요리를 개척하겠다는 당당한 포부를 가지고 있다.

명문대에 진학했다거나 대기업에 취업한 것은 아니지만 나는 이 남매가 정말 멋있다고 생각한다. 목표와 기준이 명확하기 때문이다. 자신이 하고 싶은 일에 대한 분명한 상이 있기 때문에 자신이 원하는 길로 한 걸음씩 나아갈 수 있다. 꿈이 있다고 해도 힘든 일이 없는 것은 아니다. 그러나 확실한 목표와 의지가 있다면 그것을 극복할 힘이 생긴다.

인생은 길다. 멀리 보아야 한다. 하지만 짧은 단위로 집중해서 보아야 할 것도 있다. 장기적인 비전 속에서 걸어가야 할 '오늘의 한 걸음'이 그것이다. 꿈을 꾸되 꿈을 현실로 만들 수 있는 행동이 필요하다. 그것은 그 꿈을 위해 오늘 이 시간, 내가 해야 할 일을 실천하는 것이다.

누구나 멋진 삶을 살고 싶어 한다. 그러기 위해서는 '꿈 찾기'가 반드시 필요하지만 이는 어렵고 난감한 일이다. 많은 젊은이들이 이 대목에 멈춰 있다.

"저는 특별히 하고 싶은 게 없어요. 잘하는 것도 없고 그냥 그래요. 누가 뭐 하고 싶다고 눈을 반짝이면서 말하면 부러워요. 꿈이 중요하다는 건 알지만 제 꿈이 뭔지 알아내는 방법을 모르겠어요."

그렇다. 아직 기준을 세우지 못한 당신에게 필요한 것은 '꿈을 꾸라'는 말이 아니라 꿈을 찾는 방법, 꿈을 이루는 방법, 그것을 실천할 수 있는 기회다. 자, 이제 당신은 당신에게 필요한 것을 찾아야 한다. 어떻게 찾을까? 가장 좋은 방법은 '물음'이다. 에베레스트에 오르고 싶다면 에베레스트에 가는 길과 방법을 물어야 한다. 가보지 않은 길을 가면서 묻지 않고 가는 것은 어리석은 일이다.

묻고, 찾고, 들어라

첫째, 자기 자신에게 묻고 답하자. '나'를 가장 잘 아는 사람은 누구일까? 바로 '나'다. 나에 대한 신뢰를 바탕으로 스스로에게 질문한 후 정직하게 답해 보자.

> '넌 어떤 삶을 살고 싶니?'
> '잘 모르겠어. 잘 살고 싶어.'
> '잘 사는 게 어떤 거야?'
> '글쎄, 행복했으면 좋겠어.'
> '넌 어떨 때 행복해?'

이렇게 자문자답을 하다 보면 둥둥 떠다니던 생각이 구체화된다. 그렇게 자기의 내면과 대화를 하면서 다른 사람들의 조언을 구하자.

둘째, 멘토를 찾자. 젊은이들의 큰 장점 중 하나는 자신감과 패기다. 그래서 기성세대의 문제점을 찾아 비판하기도 한다. 우리 사회가 발전하기 위해서는 이런 역할이 반드시 필요하다. 그러나 패기만 가지고는 얽혀 있는 길을 제대로 헤쳐나갈 수 없다. 지혜로운 안내자가 필요하다. 그러므로 내 인생의 길을 묻고 조언을 구할 길 안내자인 멘토를 찾아야 한다. 경륜이 없고 경험이 고만고만한 또래들과만 의논하는 것은 마음만 편할 뿐 위험천만한 일이다. 그래서 세월의 깊이를 갖춘 어른들을 멘토로 삼는 일이 중요하다.

멘토를 찾아 그에게 도움을 받는 것과 동시에 다양한 의견을 듣는 것도 중요하다. 비슷한 시각을 가진 비슷한 사람들이 모여 내린 결론은 한쪽으로 치우쳐 균형을 잃기 쉽다. 각기 다른 나이와 취향, 입장을 가진 많은 사람들로부터 다양한 조언을 들은 후에 이것을 종합하는 과정에서 의미 있는 깨달음에 도달할 수 있다.

셋째, 전문 기관이나 프로그램을 충분히 활용하자. 요즘은 사회적인 서비스의 하나로 개인의 삶을 향상시키는 데 도움을 주는 전문 기관이 많이 생겼다. 특히 청년 취업 문제가 심각하기 때문에 학교마다 '취업 지원 센터'를 만들어 학생들의 사회 진출을 돕고 있다. 졸업생들을 위해서는 노동부에서 주관하는 '워크넷(www.work.go.kr)'이 있다. '워크넷'에 이력서를 올려놓으면 기업과 연결해 준다. 세금으로 운영하는 곳이라 별도의 비용도 들지 않는다. 이보다 더 적극적인 도움을 받고 싶다면 우리 회사처럼 노동부와 함께 '취업 지원 프로그램'과 '청년 인턴제' 등을 운영하는 기관을 찾자.

여기서는 혼자서는 하기 어려운 인생의 장기 목표와 단기 목표를 설정하는 데 합리적인 조언을 해 주며 성격 검사, 홀랜드 진로 적성 검사 등 전문적인 검사를 하기도 한다. 또한 인턴사원으로 현장에서 사회를 경험할 수 있는 기회도 제공한다.

인생의 기준, 취업의 기준을 명확히 하고 싶은가? 그렇다면 적극적으로 묻고, 조언을 구하고, 전문 기관의 도움을 받자. 할 수 있는 모든 방법을 동원해서 인생의 꿈과 비전을 찾고 기준을 세우자. 이것은 더 시간이 가기 전에 반드시 해야 할 중요하고도 시급한 일이다.

9

기회의 문을 열어라

눈높이 취업

제때 취업하라는 이야기를 여러 차례 강조했다. 그러면 제때 취업하기 위해서는 어떻게 해야 하는가? 혹시 눈높이를 낮춰 형편없는 직장이라도 억지로 취업하라는 뜻은 아닌지 의구심을 갖는 사람도 있을 것이다. 나는 단호히 말한다. 눈높이를 낮추는 것이 아니라, 맞추어야 한다. 눈높이를 낮춘다는 말은 높은 곳에서 아래쪽을 본다는 뜻이다. 취업에 관한 한 자신의 키가 크다면(준비가 잘 되어 있다면) 굳이 낮은 곳을 볼 필요가 없다. 그렇다면 내 눈높이에 맞는 직장은 도대체 어떤 곳인가? 나를 원하는 직장이 바로 내 눈높이다. 이쯤에서 내 경험 하나를 소개하겠다.

"우리 딸, 취업 상담 좀 해 줘. 부탁한다."

어느 날, 친구의 전화를 받았다. 그 친구에게는 졸업 후 2년이 지나도록 취업을 못하고 있는 딸이 있는데, 얘기할수록 서로 어긋나 감정만 상했다는 것이었다. 그래서 전문가의 도움이 필요하다고 했다. 며칠 후 친구의 딸을 만났다. 그녀는 약간 상기된 목소리로 말했다.

"오라는 곳이 한 곳 있었어요. 제가 하고 싶어 하던 일이긴 한데, 연봉이 너무 적었어요. 대기업 연봉이 3,500만 원인데 아무리 중소기업이라도 2,200만 원은 너무 적잖아요? 저보다 못한 친구도 2,700만 원 받는 곳으로 갔는데. 억울해서 안 갔어요."

"하고 싶은 일이었다면서?"

"네. 그래도 스펙을 조금만 더 쌓으면 더 좋은 데 갈 줄 알았죠."

"그랬구나. 올해는 어때? 면접은 볼 만 하니?"

"아니요. 점점 더 어려워요. 학교 졸업하고 나서 뭐했느냐고 묻는데 할 얘기가 있어야죠."

"대답하기 곤란했겠네. 앞으로 어떻게 하고 싶니?"

"잘 모르겠어요. 지금 같아서는 솔직히 어느 정도 적성에만 맞으면 어디든 취업했으면 좋겠어요."

"그래? 그런 마음이라면 내가 취업의 열쇠를 선물해 줄게."

"취업의 열쇠요? 그게 뭔데요?"

"네 말대로 적성에 크게 반대되지 않는다면 너를 받아주는 회사에 일단 취업을 해. 그리고 취업에 성공하면 돈은 잊는 거야!"

"그게 무슨 취업의 열쇠예요?"

"잘 듣고 대답해 봐. 다른 것들이 다 오케이 된 상태에서 연봉이 네 마음에 안 들어. 그러면 너는 어떻게 할래?"

"연봉을 올려달라고 말하겠죠?"

"회사가 왜 네 말을 들어줘야 하지? 너 말고도 그 연봉에 일할 사람을 구할 수도 있을 텐데."

"그건……."

"네가 다른 사람과 다르게 연봉을 높게 줄 만한 가치가 있는지 회사는 아직 몰라. 네가 충분히 그걸 보여 주지 못한 거지. 그러면 어떻게 할래?"

"제 능력과 가치를 보여 줄 기회를 달라고 하면 어떨까요?"

"언제, 얼마 동안, 어떤 방법으로?"

"음……, 글쎄요."

"이건 어때? 일단 그 연봉을 받아들여서 일을 하는 거야. 일을 하는 동안에 네 능력과 가치를 충분히 보여 줘. 그리고 나서 연봉을 올려달라고 한다면?"

"아! 그러면 되겠네요."

"좀 더 적극적인 방법인데 이럴 수도 있어. 회사가 제안하는 연봉을 받아들이면서 이렇게 말하는 거야. '일단 그렇게 하겠습니다. 하지만 제가 일정한 성과를 내면 연봉을 올려 주십시오.' 어때? 네가 인사 담당자라면 이런 친구 어떨 것 같아?"

"건방지게 볼 수도 있고, 멋지게 볼 수도 있을 것 같아요."

"난 후자야. 멋지잖아. 그렇게 말할 정도로 자신감과 융통성, 협상력이 있는 친구라면 회사의 인재가 될 재목이거든. 대환영이지."

경험도 하고, 돈도 벌고

취업하고 싶은 회사의 기준에는 여러 가지가 있다. 그런데 이 모든 것이 '연봉'이라는 이름으로 압축된다. 거칠게 표현하자면 희망 연봉이 내가 지향하는 높이다. 그러나 나를 원하는 회사가 주겠다는 연봉이 현실적인 내 눈높이라고 보면 된다. 이것을 맞추라고 솔직하게 이야기하니 야속하게 느껴질 것이다. 그러나 이것이 전부가 아니다. 앞서 친구의 딸과 이야기했던 것처럼 다음 기회가 펼쳐진다. 고려해야 할 것은 내 목표, 내가 하고 싶은 일, 인생의 계획이다. 물론 그 회사가 기본적인 안정성을 갖추었는지 면밀하게 파악해야 한다. 그런 점에서 괜찮은 회사라면 기대했던 것보다 낮은 연봉이라는 당장의 서운함은 감내할 필요가 있다.

요즘 세대는 특히 돈에 민감한 편이다. 우리나라가 경제적 성장을 이룬 상태에서 자란 세대이기 때문에 소비 욕구가 강하며, 자신의 가치를 돈으로 환산하는 일에도 능하다. 하지만 자기가 원했던 연봉에 비해 200만 원 정도, 월 10~20만 원 차이라면 계산기를 두드리지 말고 취업하자. 돈은 세상을 살아가는 데 꼭 필요하지만 입사 1년 차에게 결정적인 것은 아니다. 근본적인 문제가 없다면 쩨쩨하게 따지지 말고 자신에게 열린 '기회의 문'을 열고 성큼성큼 걸어 들어가자. 그곳에서 돈 받으며 '현장'을 경험하자.

10

진짜 성패는
입사 후에 결정된다

일로 승부하자

앞에서 상담을 했던 친구의 딸은 내 조언에 따라 적합한 회사를 찾아 취업했다. 첫 출근을 며칠 앞둔 날 그녀는 다시 나를 찾아왔다. 그러나 아직 좌절감에서 완전히 벗어나지 못한 것 같아 이렇게 조언해 주었다.

"취업 축하해. 앞으로 진짜 열심히 해야지."

"고맙습니다. 그런데 시간 끌다가 왕창 접고 들어간 건데 축하받을 일까지는 아닌 것 같아요."

"취업이 한 방은 아니라고 말했지? 취업에서 진짜 승부는 지금부터야. 연봉으로 표현되는 근무 조건도 달라질 수 있는 거고."

"대략은 이해하겠는데 구체적으로 말씀해 주세요."

"학교에서는 공부 잘하는 사람이 우선이잖아? 그러면 회사에서는 어떤 사람이 우선일까?"

"능력 있는 사람이요?"

"능력 있는 사람은 어떤 사람이지?"

"글쎄요? 영어도 잘하고……."

"영어? 영어 중요하지. 그런데 영어는 왜 필요하지?"

"글로벌 시대니까요."

"글로벌 시대라고 무조건 영어가 필요한 건 아니지. 영어가 뭔가에 도움이 되니까 중요한 거지. 그게 뭘까?"

"세계화?"

"정답은 '일'이야. 회사에서는 일 잘하는 사람이 우선이야. 능력이 뭐야? 아무리 암산 천재라도 암산 능력을 일에 효율적으로 사용하지 못하면 소용이 없어. 그냥 신기한 재주일 뿐이지. 영어, 컴퓨터 같은 것도 마찬가지야. 일을 잘하는 데 필요한 수단이지."

"말씀을 듣고 보니 그러네요. 어떻게 하면 일을 잘할 수 있어요?"

"자세가 제일 중요해. '일'로 승부를 내겠다는 자세."

"'일'로 승부를 내겠다는 자세요?"

"퇴근 시간, 휴가, 주말 이런 거 따지지 말고 선배들이 3년 만에 습득한 걸 나는 1년 만에 배우겠다는 자세로 일을 공부해. 기존 사원들이 하는 일을 신입사원인 네가 어떻게 똑같이 할 수 있겠어? 선배들이 두 시간 걸려 하는 일을 네가 한다면 네 시간도 더 걸릴 거야. 그러니까 일을 배우려면 그 시간을 견뎌야 해. 그리고 퇴근 후에는 네 업무에 대해 책을 읽고 공부하는 거지."

"휴~, 그렇게까지 해야 해요?"

"남보다 연봉을 더 받고 싶다면서? 회사가 정해지고 할 일이 정해지면 너를 남과 다르게 차별화시킬 수 있는 게 뭘까?"

"……"

"그건 바로 '어떻게'야. '무엇을 하느냐?'는 정해졌잖아. 그럼 그것을 '어떻게' 해내는가가 너를 말해 주지. 학교 다닐 때를 생각해 봐. 공부하면 좋은 성적을 받는다는 걸 모르는 사람은 없잖아. 그런데 공부를 구체적으로 '어떻게' 하느냐에 따라 성적이 달라져. 그리고 '언제'도 중요하지. 마라톤에서 1등을 하려면 출발하자마자 선두 그룹으로 치고 나가야 해. 출발 시점을 한 박자 놓친 마라토너가 우승하기란 하늘의 별 따기야. 회사 안에서 너의 가치는 입사 1년 안에 평가되는 거야."

"입사 1년 안에요? 좀 무섭네요."

"무섭기는. 그렇게 1년만 지나면 회사에서 너는 아주 눈에 띄는 사원이 될 거야. 다음 해 연봉 협상할 때 유리한 위치에 있게 되는 거지. 어때?"

'필요'하다면 '어떻게든'

나의 첫 직장은 S전자였다. 입사 후 처음 발령받은 곳은 전자회로 설계실이었다. 전자공학과를 나온 나에게 적절한 부서 배치처럼 보이겠지만, 속사정은 달랐다. 나는 어떤 부서에 가서도 일을 잘할 자신이 있었다. 단 한 곳, 설계실만 제외하고 말이다. 나는 학교 다닐 때 전공과목 공부를 소홀히 했다. 당시에는 대기업 입사 시험을 치를 때 전공을 따로 평가하지 않고 영어 시험만 보았기 때문이다. 대기업에 취업하겠다는 일념으로 영어만 파고들었던 나에게 전공에 맞춰진 배치는 몹시 곤혹스럽게 느껴졌다. 하필이면 내가 가장 피하고 싶었던 부서로 발령을 받았으니 그야말로 죽을 맛이었다.

부서 배치를 받고 설계실로 갔더니 내 밑으로 고졸 기능공 두 명이 있었다. 이들은 줄곧 그 업무만 해 왔던 터라 실력이 좋았다. 하지만 나는 업무 보고, 회의 참석, 서류 작성 등 다른 일들을 병행하다 보니 도통 실력이 늘지 않았다. 그래서 그들이 하는 것을 보면서 배우고 싶었는데, 그들은 매번 내가 다른 일을 하는 사이에 일을 다 끝내 놓았다. 어떻게 했느냐고 물으면 기억이 안 난다며 기술을 가르쳐 주지도 않았다. 진행되는 일에 대해 상사에게 보고도 해야 하는데 전자회로 설계 기술을 모르니 큰일이었다. 어떻게든 그 일을 해결해야 했던 나는 대학 때 하지 않았던 공부를 취업 후에 더 열심히 할 수밖에 없었다. 회사가 나에게 맡긴 일을 잘해내서 살아남기 위한 공부였다.

우선, 대학 때 공부하던 전공 책을 펴 보니 거기에 나온 설계도는 회사에서 사용하는 설계도와는 거리가 멀었다. 대학에서 배운 것은 이론 중심의 지식이었다. 그것도 너무 깊이 있는 내용뿐이라 정작 회사에서 쓰는 기본적인 부품조차도 알 수 없는 정도였다. 그래서 나는 공고 학생들이 보는 책을 구해 부품과 소자 하나하나의 이름과 용도를 공부하기 시작했다. 그리고 일명 '만능 PC'라고 불리는 실험 도구를 집에 갖춰 놓고 회사 설계도면을 복사해 와 늦은 밤까지 이것저것 바꿔가면서 실험해 보았다. 회사에서도 늦게까지 남아서 실험을 하다 보니 어느 순간 심봉사가 눈을 뜬 듯 전류의 흐름이 보이기 시작했다. 이후 설계 업무에 대한 부담감이 줄어들었고 금세 전반적인 업무를 파악할 수 있게 됐다.

이때의 경험으로 나는 무슨 일을 하든지 먼저 그 일에 대해 공부한다. 처음에는 쉽고 간단한 책으로 그 일에 대한 흐름을 파악한다. 그런 후에 내용을 깊이 있게 다룬 책을 읽으면 도움이 된다. 이때 이 공부가 '현장의 일을 잘하기 위한 것'이라는 사실을 잊지 않는다. 책은 일하는 사람에게 정답을 주지는 않는다. 책에서 얻는 것은 '이 사람은 이 상황에서 이렇게 했구나'라는 아이디어와 전체를 보는 힘, 그리고 일에 대한 이론적 규명이다.

입사 후 나에게 주어진 첫 보직인 설계 업무는 나를 주눅 들게 했다. 하지만 그 일을 정말 잘해내고 싶은 마음에 열심히 공부하며 밤낮없이 노력한 결과는 생각보다 훨씬 값지고 달콤했다. 입사 1년 반 만에 도쿄 주재원 발령을 받은 것이다. 이는 실로 파격적인 일이었다.

"왜 나를 도쿄 주재원으로 보내는 겁니까? 일본말도 못하는 나를?"

의외의 발령을 받고 나는 인사과 담당자에게 이렇게 물었다. 그때 내가 들었던 그의 대답은 신입 1년 반 동안의 모든 고생을 한꺼번에 보상해 주었다.

"당신은 필요하다면 배워서 해내는 사람이기 때문이죠. 일본어 실력은 크게 중요하지 않아요."

나는 이후에 신제품을 개발해서 연구 개발과 관련한 상도 여러 차례 받았다. 부품 이름도 모르고 설계도면도 못 그리던 내가 말이다. 그리고 여러 가지 일들을 했다. 연구원에서 근무할 때는 내가 기획한 제품 개발 과정을 바탕으로 '신제품 개발 프로세스'를 강의했고, 스탭스 분사 경험을 살려 『분사경영전략』이라는 책을 집필했다. 당시 회사에서 '인재화 프로젝트'를 진행했던 경험을 살려 지금은 숙명여대에서 '물고기 잡는 법'이라는 취업 멘토링 프로그램을 운영하고 있다. 이 모든 것이 나의 부족한 점을 뼈저리게 느끼고 그것을 극복하기 위해 최선을 다했던 신입사원으로 있은 1년 반 동안의 시간에서 시작됐다.

일로 승부할 수 있는 진정한 기회를 두려워하거나 미루는 젊은이들에게 생생한 사례를 들려주고자 어쩔 수 없이 내 자랑을 늘어놓았다. 이것은 경험이 빠진 달콤한 이야기가 아니라 내가 보증할 수 있는 현실이다. 이만하면 '일'로 승부를 볼 만하지 않은가?

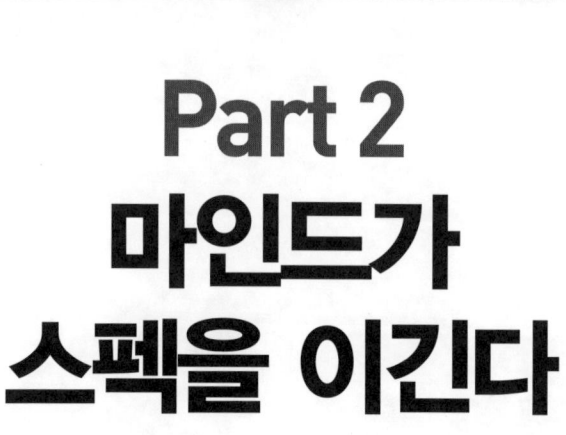

Part 2
마인드가
스펙을 이긴다

1

회사가 원하는 것은
따로 있다

채용의 진실

취업 관련 회사를 운영하면서 나는 기업의 인사 담당자들과 취업을
준비하는 젊은이들을 모두 만나고 있다. 사람을 뽑는 사람과 뽑히고자
하는 사람, 이 양자는 이해관계가 완전히 맞닿아 있다고 할 수 있다. 그
런데 이 두 그룹의 생각이 전혀 다른 경우가 꽤 많아 당혹스러울 때가
많다. 기업의 인사 담당자들은 이런 사람을 뽑아야겠다는 기준을 세우
고 채용 전형을 정하는데, 정작 취업을 준비하는 젊은이들은 저런 사람
이 되는 게 중요하다는 자기만의 기준을 가지고 엉뚱한 준비에 열을 올
리는 것이다. 구인하는 회사와 구직하는 사람들의 기준이 얼마나 다른
지 제시된 표를 보면 쉽게 알 수 있다.

표는 한국고용정보원이 기업 인사 담당자들과 대학생들을 대상으
로 취업을 준비할 때 무엇이 가장 중요하다고 생각하는지에 대해 질문

기업 인사담당자와 대학생들이 각각의 취업 준비 항목 점수

구분		대학생		기업 인사담당자	
		교육요구도	순위	교육요구도	순위
구직 지식군	자기 이해	0.215	3	0.112	7
	구직 희망 분야	0.227	2	0.089	8
	전공 지식	0.153	13	0.028	16
	외국어 능력	0.266	1	0.060	14
	구직 일반 상식	0.167	10	0.017	17
구직 기술군	구직 의사 결정 능력	0.173	7	0.051	15
	구직 정보 탐색 능력	0.171	9	0.008	19
	인적 네트워크 활용 능력	0.202	5	0.013	18
	구직 서류 작성 능력	0.196	6	0.064	13
	구직 의사소통 능력	0.204	4	0.085	9
구직 태도군	긍정적 가치관	0.097	19	0.125	6
	도전 정신	0.140	17	0.172	1
	글로벌 마인드	0.173	8	0.068	11
	직업윤리	0.091	20	0.136	5
구직 적응군	직무 및 조직 몰입	0.128	18	0.151	4
	현장 직무 능력	0.155	12	0.081	10
	대인 관계 능력	0.145	16	0.172	1
	문제 해결 능력	0.161	11	0.155	3
	자원 활용 능력	0.151	15	0.068	12
	자기 관리 및 개발 능력	0.153	14	0.164	2

출처: 「대학생 구직능력 향상을 위한 요구와 과제」, 한국고용정보원(이건남 연구위원) 발표 자료, 2011년 9월 15일.

한 것을 바탕으로 만들어졌다. 여기서 '교육요구도'라는 구분은 기업 인사 담당자와 대학생들이 각각의 취업 준비 항목에 대해 얼마나 중요하게 생각하는지에 대해 1점 만점으로 점수를 준 것이다. 음영 부분은 중요도가 높은 열 개 항목들인데 대학생과 기업 인사 담당자 간에 일치하는 부분이 몇 군데 안 된다는 사실을 알 수 있다. 한마디로 서로 중요하게 생각하는 영역이 다른 것이다. 대학생들은 눈앞의 취업을 위해 요긴하게 쓰일 구직 스킬을 최우선시한 반면, 기업의 인사 담당자들은 도전정신과 대인관계 능력 등 취업 후 직장 적응에 필요한 인성과 태도가 가장 중요하다고 본다.

이런 생각의 차이는 취업을 준비하는 젊은이들에게 중요한 시사점을 준다. 회사가 채용할 때 높은 배점을 두는 중요한 항목은 제쳐놓은 채, 그리 배점이 높지도 않고 준비하는 시간만 많이 걸리는 다른 항목에 부족한 시간과 자원을 투입하고 있지는 않은지 꼭 점검해 볼 필요가 있다.

앞에서도 여러 번 강조했지만, 회사가 원하는 것은 스펙 그 자체가 아니다. 스펙 속에 숨어 있는 그 사람의 실체다. 취업을 앞둔 젊은이들이 그렇게나 중요하게 생각하는(1위) 외국어 실력은 기준 점수 이상이면 된다(14위). 그러니 10~20점 더 올리려고 목을 맬 필요가 없다. 그 대신 도전 정신, 자기 관리 능력, 직업윤리 등 제대로 된 직장 생활을 할 수 있는 토대가 될 자세와 마인드를 중요하게 생각해야 한다. 그런데 오랫동안 열심히 취업을 준비해 온 젊은이들조차 이에 제대로 답할 수 있는 준비가 되어 있지 않다. 이는 매우 불행한 일이다.

숨은 '인성' 찾기

이런 결과에 대해 반문을 제기하는 젊은이들도 꽤 많다.

"인성이나 윤리 같은 항목들은 일정 기간 학습한다고 더 나아지는 것이 아니지 않습니까? 그리고 취업 전형에서 그것을 표현하거나 드러내기도 어렵습니다. 차라리 스펙에 관련된 부분은 계량적으로 표현할 수 있기 때문에 확실합니다."

부분적으로는 맞는 말이다. 그러나 핵심에서는 많이 어긋났다. 인성을 짧은 기간에 학습할 수는 없다. 그렇지만 내 안에 잠재된 인성을 가다듬고 외면화하는 작업이라면 가능하다. 또한 기업 인사 담당자들은 눈에 보이지 않는 항목이라고 해서 소홀히 넘어가지는 않는다. 취업을 준비하는 젊은이들은 여기에 주목해야 한다. 입사 지원서를 쓸 때, 면접을 볼 때, 인턴 근무를 할 때 등 취업 준비의 모든 과정에 자신의 긍정적인 인성과 태도가 효과적으로 표현될 수 있는 방법을 찾아야 한다. 이 책의 4부에 그 방법들을 비교적 상세히 소개했으니 참고가 될 것이다.

구직자들의 스펙이 상향 평준화되면서 차별성이 없어지고 있다. 이력서와 자기소개서를 대행하는 업체도 많고, 취업 면접을 대비해 주는 곳도 여럿이다. 지원자들의 지원서 작성법과 면접 기술도 그만큼 좋아졌다. 이렇게 구직자가 발전하는 만큼 기업도 '진실'을 가려내기 위해 면접을 강화한다. 먼저 인사 고과가 높은 노련한 사람들로 면접관을 선발한다. 그리고 이들은 구직자의 '거짓말'을 가려낼 수 있는 교육도 받는다. 이처럼 스펙은 서류 전형 통과를 위한 관문 중 하나일 뿐, 직장에 들어가기 위해서는 인성과 태도가 더 중요한 것이다.

취업 준비생의 최종 목표는 '스펙'이 아니라 '직장에 들어가는 것'이다. 그렇다면 내가 중요하다고 생각하는 기준에 얽매이지 말고, 그 직장에서 중요하게 생각하는 덕목을 우선시해야 한다. 그리고 그 덕목들은 내 속에 이미 잠재되어 있을 가능성이 크다. 이는 개발하고 표현하면 된다. 정말 중요한 일에 시간과 자원을 투자할 때이다.

2
공부 잘하는 사람 VS. 일 잘하는 사람

절망도 망상도 하지 말자

취업을 앞둔 평범한 젊은이들의 전형적인 고민이 한 가지 있다. 지금까지 공부를 그리 잘하지 못했던 경험이 자신감을 떨어뜨린다는 것이다. 다음은 이 같은 고민을 가진 한 청년과 우리 회사 컨설턴트의 상담 내용이다.

"솔직히 전 지금까지 공부를 잘했던 적이 한 번도 없습니다. 그런데 취업을 하려니 막막하군요. 회사는 공부 잘하는 사람을 원하는데 전 그렇지 못하니……. 공부를 잘할 때까지 계속 노력해야 할까요, 취업의 기대를 접어야 할까요?"

"그렇지 않습니다. 회사는 공부 잘하는 사람을 원하지 않습니다. 일 잘하는 사람을 원하죠. 공부 잘하는 사람이 취업에 유리한 건 공부 잘하는 것에서 일 잘할 수 있는 가능성을 찾기 때문입니다. 그러나 이 둘은 분명한 차이가 있습니다. 저는 공부하는 머리와 일하는 머리가 따로 있다고 생각하는 입장입니다. 지금까지 공부를 못했다면, 여기에 그럴 수밖에 없는 특별한 이유가 없다면 지금부터 노력한다고 해서 크게 달라지지 않을 겁니다. 그렇다고 취업을 포기하는 건 말이 안 되죠. 그렇다면 방법은 한 가지입니다. 공부 잘하는 것이 아니라 일 잘하는 것으로 승부하면 됩니다. 이건 듣기 좋은 위로가 아니라 현실에서 일어나는 일입니다. 명문 대학 출신이 아닌 사람들이 회사에 입사해 두각을 드러내고 임원으로 승진하기도 합니다. 그들이 그렇게 할 수 있었던 건 공부가 아니라 일로 승부했기 때문입니다."

우리가 흔히 말하는 스펙은 '공부'에 가깝다. 학점이나 자격증, 어학 능력 등 주로 시험 성적으로 표현되는 것이기 때문이다. 그래서 지금까지 학교에서 공부를 잘해 온 학생은 스펙이 좋을 가능성이 높다. 게다가 취업할 때도 유리하다. 그러나 혼동은 하지 말자. 여러 차례 밝힌 것처럼 사람을 뽑는 기업은 스펙 자체가 아닌 그 스펙을 통해 표현되는 그 사람의 역량, 태도, 인성을 중요시한다. 공부와 일은 연장선 상에 있기도 하고 유사한 부분도 있지만, 차이점도 있다. 공부를 못한 것이 결코 취업에 도움이 되는 것은 아니지만 그렇다고 취업에 결정적인 장해물도 아니니 절망할 필요는 없다. 중요한 것은 공부와 일의 차이를 인식하고 자신에게 맞는 취업 전략을 세우는 것이다. 그렇다면 일 잘하는 것과 공부 잘하는 것은 어떤 점이 비슷하고 어떤 점이 다른가? 취업에서 이것을 어떻게 활용할 수 있을까?

공부 잘하는 사람과 일 잘하는 사람의 공통점

첫째, 공부 잘하는 사람과 일 잘하는 사람 모두는 해야 할 일에 대한 강한 책임감이 있다. 공부가 마냥 좋아서 열심히 하는 사람은 드물 것이다. 반드시 해야 한다는 책임감이 있어야 중간에 다른 길로 새지 않고 계속 공부를 잘할 수 있다. 또한 자신이 좋아하는 과목만 열심히 한다고 공부를 잘할 수는 없다. 싫은 과목도 참고 공부해야 전체 성적이 올라간다. 그러려면 책임감이 필요하다. 일도 마찬가지다. 책임감이 강한 사람만이 좋은 일, 싫은 일 가리지 않고 열심히 해낼 수 있다.

둘째, 높은 목표를 가지고 있다. 공부를 잘하는 사람은 학과, 학급, 학년 등에서 상위권에 드는 사람이다. 최소 상위 10% 이내의 성적을 가져야 공부를 잘한다고 볼 수 있다. 공부를 잘하는 사람은 '1등을 하겠다'와 같은 높은 목표를 가지고 있다. 일 잘하는 사람 역시 조직에서 최고의 성과를 내겠다는 높은 목표를 가지고 이에 따라 움직인다.

셋째, 목표를 달성하고자 하는 열정과 끈기가 있다. 대부분의 사람들은 내심 공부에서든 일에서든 1등을 하고 싶어 한다. 그러나 실제로 1등을 하는 사람과 그렇지 못한 사람이 생긴다. 그 관건은 꾸준한 실행의 여부이다. 1등이라는 꿈을 실현하기 위해 실행에 옮겼느냐 그렇지 않았느냐, 인내하며 끝까지 했느냐 포기했느냐에 따라 결과가 달라지는 것이다. 이처럼 목표를 이루기 위한 열정과 끈기는 공부에서든 일에서든 필수 요소가 된다.

공부와 일은 다르다

공부는 과거에 결정된 내용을 익히는 것이다. 과거는 흐름이 없는 특정 시점이기 때문에 공부란 어찌 보면 고여 있는 연못에서 낚시하는 것과 비슷하다고 볼 수 있다. 공부 잘하는 사람은 과거의 검증된 사항과 약속된 내용을 잘 준수하고, 확실한 사실을 명확히 기억하는 특징이 있기 때문에 때로는 융통성이 부족해 보이기도 한다.

또한 공부는 자신과의 싸움이다. 마라톤과 같이 끈기가 필요하다. 그리고 궁극적으로 개인 평가다. 팀을 짜서 같이 하는 공부도 있지만 지식의 내면화란 결국 혼자 이루어내는 것이다. 그래서 전문화되어 있기는 하지만 분업화되어 있지는 않다. 협력을 통한 시너지도 기대하기 어렵다.

공부에서는 한 번 우열이 정해지면 좀처럼 바뀌지 않는다. 공부를 잘했던 사람은 특별한 변수가 없으면 계속 공부를 잘한다. 때문에 이들이 회사 실무나 경영과 같은 다른 일들도 모두 잘할 것 같지만, 실제로 그렇지 않은 경우가 많다. 분야마다 특성이 다르기 때문이다.

공부 쪽으로 특화된 역량을 가진 사람들은 공부의 연속성이 있는 분야에서 일하면 높은 성과를 낼 가능성이 높다. 즉, 지적인 배경이 필요하고 늘 자기 학습이 이루어져야 하는 영역이 적합하다. 그리고 다른 사람과의 관계보다는 자신만의 역량이 중요시되는 분야가 잘 어울린다. 예를 들면 연구원이나 디자이너 등 개인이 독립적으로 일하면서 탐구가 업무의 주를 이루는 직업을 갖는 것이 좋다.

공부와 비교할 때, 일은 유동적이고 변수가 많다. 그래서 일한다는 것은 흐르는 물에서 고기를 잡는 것과 비슷하다. 상대가 누구인가, 환경이 어떠한가에 따라서 목표와 목표로 향하는 과정, 일하는 방식 등이 달라져야 한다. 흐름을 잘 읽을 수 있어야 하고 높은 융통성이 필요한 것이다. 누구와 일하느냐, 어떤 환경에서 일하느냐, 비교 대상이 누구냐 등에 따라서 일의 결과는 얼마든지 달라질 수 있다. 그렇기 때문에 일에서는 어제의 1등이 오늘의 1등으로 이어지는 경우가 드물다.

일에서는 정답보다는 그 상황에서의 최적안을 내놓는 것이 중요하다. 기획서를 통째로 외운다고 해서 기획을 잘하는 것이 아니고, 일하는 방법을 완전히 터득했다고 해도 일을 잘할 수는 없다. 과거에 했던 방식 그대로 열심히 한다고 해서 지금 동일한 성과가 나오는 것도 아니다. 오히려 실패하는 경우가 많다. 과거에 배운 지식이나 잘했던 경험이 걸림돌이 되어 현재의 나를 힘들게 하고 미래를 어렵게 만들 수도 있다. 이 때문에 유능한 경력 사원이 새로운 조직에 잘 적응하지 못하는 일이 생기는 것이다.

일은 혼자 하는 경우가 드물다. 처음부터 끝까지 혼자 할 수 있는 일은 거의 없다. 사회에서의 일은 분업화되어 있다. 이처럼 여러 사람에게 분담되어 있는 일을 잘하기 위해서는 다른 사람과 보조를 맞출 수 있어야 한다. 자기 일만 잘한다고 되는 것이 아니기 때문이다. 그래서 누구와 어떤 방법으로 일하느냐가 매우 중요하다. 팀워크와 리더십, 팔로우십이 작용하는 특성을 이해해야 한다. 전문지식보다는 다른 사람들과의 관계가 더 중요한 경우가 비일비재하다. 나와 관계없는 사람이 내 업무와 관련된 아이디어를 제공해 주기도 하고, 중요한 인물을 연결해 주기도 한다. 어떤 경우에는 나를 격려해서 사기를 올려 주고, 다른 곳에서 나에 대해 좋게 말해 주어 평판을 좋게 만들기도 한다.

때로는 남을 도와주어야 하고 도움을 받기도 해야 하는 직장에서 인간관계는 매우 중요한 덕목이 된다. 그래서 대인관계가 좋고 융합을 잘하는 사람이 일을 잘할 가능성이 크다. 때문에 기업 인사 담당자들은 대인관계가 좋은 사람들을 선호한다. 축구나 농구같이 여럿이 함께하며 팀워크가 필요하고, 팀 내 역할 분담과 팀 간 경쟁이 있는 운동을 꾸준히 잘해 온 사람들이 좋은 평가를 받는 것도 같은 맥락이다. 이런 과정을 겪으면 리더십과 팔로우십이 형성될 수 있다고 보기 때문이다.

일은 공부와는 많이 다르다. 일에는 변수가 많아서 1등이 자주 바뀐다. 특정 상황에서 누가 기회를 더 빨리 포착하느냐, 어떤 일을 어떤 방법으로 할지를 누가 먼저 잘 선택하느냐에 따라서 선후는 빈번하게 달라진다. 공부를 못했던 사람이라도 얼마든지 일을 잘할 수 있다. 한 과목을 잘한다고 공부를 잘한다고 할 수는 없지만, 사회에서는 한 가지만 잘하더라도 일 잘하는 사람이 될 수 있다. 아이디어가 있다면, 먼저 시작할 수 있다면, 성실하게 밀어붙일 수 있다면, 대인관계가 좋다면 이미 일 잘하는 사람의 가능성을 갖춘 것이다. 기업의 인사 담당자들도 이 사실을 잘 알고 있다.

공부를 잘하는 사람, 일을 잘하는 사람의 공통점과 차이점을 인식하고 자신의 역량에 적합한 도전 전략을 짜라. 공부와 관련된 스펙이 부족하더라도 뒤로 숨거나 절망하지 마라. 그 대신 일 잘하는 사람으로 자신의 모습을 표현하라. 그리고 그것으로 승부하라.

3

똑똑한 '을'로 차별화하라

'을'로 살아남는 법

자본주의 사회의 모든 거래 관계에는 '갑'과 '을'이 존재한다. 대체로 돈을 지급하는 쪽이 갑이고 돈을 받는 쪽이 을이다. 예를 들어 식당 주인과 손님의 관계에서는 손님이 갑이고, 음식을 제공하고 돈을 받는 식당 주인이 을이다. 그런데 식당 주인이 마냥 을은 아니다. 식당 주인이 다음날 아내의 옷을 사기 위해 백화점에 갔는데, 그 매장의 매니저가 어제 식당에서 밥을 먹은 손님일 수도 있다. 이렇게 갑과 을은 수시로 뒤바뀐다. 식당 주인은 을로 일해서 번 돈으로 가족들과 함께 갑으로 살아간다.

취업 준비생들은 지금까지 주로 갑으로 살아왔다. 학교에 다니는 동안에는 부모님이 등록금을 대 주었다. 자기 돈은 아니었지만 어쨌든 돈을 내는 갑의 위치에서 대접을 받았다. 그러나 지금 취업 준비생들은 을

이 되기 위해 회사의 문을 두드리고 있다. 살벌한 자본주의 거래 관계의 출발선에 선 것이다. 을은 갑에 의해 규정되며 갑에게 이익을 주어야만 하기 때문이다. 그렇다면 지금부터는 내가 을이라는 사실을 처절하게 인식하고 어떤 을이 되어야 하는지를 생각해야 한다.

사람은 존재 자체만으로도 소중하지만 이러한 사실이 거래 관계에서는 통하지 않는다. 기업은 자신의 을이 될 사람을 평가할 수밖에 없다. 그가 을의 역할을 제대로 할지를 보는 것이다. 을의 가치와 역할은 갑에 의해 규정된다. 간혹 취업을 준비한다고 하면서 자신이 을이라는 사실 자체를 인식하지 못하는 사람이 있다. 본능적으로 을의 입장을 인정한다 하더라도 어떤 을이 되어야 하는지조차도 모르는 경우가 태반이다.

그렇다면 어떤 을이 되어야 취업이라는 거래를 성사시킬 수 있을까? 가장 단순한 방법은 갑의 입장에서 생각하는 것이다. 그 회사 사장과 인사 담당자 입장에서 채용하고 싶은 사람이 되어야 한다. 그런데 입장을 바꾸어 생각하기는 그리 쉽지 않다. 여기에는 약간의 훈련이 필요하다. 그 중 한 방법으로 역할극을 권한다.

하나의 예를 들어 보자. 작은 조직에서 일어날 수 있는 일을 피부로 느끼기 위해 편의점 주인과 아르바이트생의 대화를 중심으로 역할극을 해본다. 역할극에서는 서로의 처지를 바꾸는 것이 좋다. 가족이나 친지, 선배 중에서 직장 생활 경험이 있는 사람이 아르바이트생을 하고, 취업 준비생은 편의점 주인의 역할을 맡는다.

외출했던 주인이 돌아왔다. 주인은 외출 전에 아르바이트생에게 매장 청소를 하라고 시켰었다. 하지만 아르바이트생은 그 사실을 까맣게 잊은 채

손님이 드나드는 것을 보고도 전혀 개의치 않고 친구와 통화하고 있다.

사장: 아니, 이 사람아. 청소도 안 하고 뭐 했어? 가게 안에 먼지 쌓인 것 좀 봐. 그리고 손님이 드나들면 인사를 해야지, 휴대전화만 잡고 있으면 손님들 기분이 어떻겠어?

아르바이트생: 아이, 참 사장님도. 중요한 전화니까 못 끊고 한 거죠. 그리고 저 인사 다 했어요.

사장: 성의 없이 소리만 낸 것도 인사란 말인가? 손님하고 눈을 딱 마주치고 웃으면서 기분 좋은 목소리로 인사를 해야지.

아르바이트생: 손님이 한두 명도 아니고 그럴 수도 있는 거죠. 사장님이 하필이면 딱 그럴 때 보신 거란 말이에요. 그리고 사장님, 저 아르바이트 한 돈 좀 주세요.

사장: 아직 한 달이 안 됐잖아.

아르바이트생: 돈이 급해서 그래요. 사정 좀 봐 주세요.

사장: 미안하지만 안 되겠네. 우리 약속은 한 달이었으니 한 달 채우고 얘기하세.

아르바이트생: 제가 급해서 그래요. 몇 푼 되지도 않는데 뭘 그러세요. 그러지 마시고 주세요, 네?

사장: 작은 점포라도 원칙은 원칙이야. 안 돼.

아르바이트생: 정말 너무 하시네요. 이것저것 힘들게 부려 먹으면서, 트집만 잡고. 돈은 쥐꼬리만큼 주면서. 그나마 사정이 있어 부탁하면 들어 주지도 않고.

사장: 젊은 사람이 말을 함부로 하는군.

아르바이트생: 그만 하세요. 제가 이런 데서 평생 일할 것도 아니고, 사정 때문에 잠시 하는 건데. 여기 아니면 돈 벌 데가 없는 것도 아니고. 당장 그만둘 테니까, 지금까지 일한 거나 주세요.

사장: ······.

당신도 이 역할극의 아르바이트생과 같은 생각에 젖어 있지는 않은 가? 다소 극단적으로 표현되었지만 자신에게 이런 요소들이 없는지 점 검해 볼 필요가 있다. 취업이나 직장을 철저하게 '나' 위주로 생각하는 것은 아닌가? 모든 거래 관계는 '갑'을 중심으로 돌아가는데, 나는 '을'의 위치에서 '갑'을 움직이려는 위험한 생각을 하고 있지는 않은가? 취업을 준비한다면 역지사지의 정신으로 갑의 입장에 서서 을이 된 나를 철저 하게 파헤쳐 보아야 할 것이다.

'역지사지'에 답이 있다

"내가 그 사람이라면 난 그렇게 하지 않았을 거야." "아무리 입장 바 꿔 생각해 봐도 이해할 수 없어. 나라면 안 그래." 이렇게 '나라면 어떻 게 할까'를 먼저 생각하는 것은 '역지사지(易地思之)'가 제대로 이루어지지 않았기 때문이다. 역지사지란, 상대방과 처지를 바꾸어 생각해 보고 이 해하라는 뜻이다. 단순히 그 사람의 역할에 나를 대입하는 것이 아니라 상대방을 이루는 외적, 내적인 요소들을 함께 고려하면서 아예 그 사람 이 되어 생각해 봐야 하는 것이다.

한 번도 그 사람으로 살아 보지 않은 자신의 입장에서 답을 찾는 것은 결코 역지사지가 될 수 없다. 상대방이 어떤 사람인가에 대해 많이 알려고 하는 노력이 필요하다. 또한 그 사람이 왜 그렇게 행동하는지에 대해 되도록 많은 이유를 생각해 보고 그 입장에 서서 상대방을 이해하고 배려하는 마음을 가져야 한다. 이를 위해 처음에는 동년배나 같은 상황의 대상에서 시작하여 점차 대하기 어려운 사람을 이해하려고 노력하는 단계적 훈련을 해야 할 것이다. 이것이 습관화된다면 취업 면접을 할 때 면접관을 이해할 수 있을 것이다. 더 나아가 직장에서의 조직 생활뿐만 아니라 다양한 방면에서 성공적인 대인관계를 만들어 나갈 수 있을 것이다.

4

'갑'에게 선택받는 법

'갑'은 무엇을 원하는가?

기업이 거래를 할 때 갑과 을이 생긴다. 그렇다면 갑이 되는 기업은 어떤 을을 선택하는가? 한마디로 '돈이 되는' 을을 선택한다. 그렇지만 가격이 싸다고 능사가 아니다. 납기를 잘 지키고 품질을 준수하고 윤리적인 파트너가 을이 되어야 일이 잘 풀리고 성과도 나고 마음도 편하다. 이것은 취업 전형에도 그대로 적용될 수 있다. 채용하는 갑은 취업하고자 하는 여러 사람 중에서 책임감 있게 일을 잘해(납기), 좋은 성과(품질)를 만들어내고, 사람 됨됨이(윤리)를 갖춘 사람을 을로 선택한다. 을이 갖추어야 할 기본 덕목과 이것이 채용 전형에서 어떻게 드러날 수 있는지 간단히 알아보자.

납기 - 책임감과 성실성

우선 '납기'란 맡은 업무나 본인의 목표를 언제까지 완료하겠다는 약속이다. 이를 잘 지키지 않으면 신뢰를 얻기 어려우므로 납기는 곧 인격이라고 볼 수 있다. 일을 제때 마무리하는 사람이 갖춘 핵심 역량은 바로 성실함이다. 창의력을 중시하는 시대라고 하여 튀는 인재가 환영받을 거라고 오해해서는 안 된다. 일부 직군에서는 창의성이 필요할 수도 있지만, 대체적으로는 채용 과정에서 성실한 태도를 보여야 조금이라도 더 주목받을 수 있다. 세상에 없는 아이디어를 내는 일보다 맡은 일을 기간 내에 잘 해내는지가 더 중요하기 때문이다. 따라서 성실함이 드러나는 본인의 경험을 이력서에 쓰거나 면접 볼 때 강조하는 것이 좋다. 예를 들어, 대학교에 다니는 4년 내내 개근했다는 이력은 인사 담당자들에게 입사 후 지각이나 조퇴하는 일 없이 잘 다니겠다는 신뢰감을 주고 성실하다는 인상을 남길 수 있다. 어떤 일에 한 번도 빠지지 않고 참여하여 우수한 성과를 이룬 경험도 괜찮다. 그 일을 통해 배운 점과 함께 이력을 뒷받침하는 근거로 풀어낸다면 좋은 평가를 받을 수 있을 것이다.

품질 - 업무 성과

두 번째로 품질을 준수한다는 것은 하고자 하는 일을 제대로 하여 좋은 성과를 낸다는 의미다. 이를 위해 무엇보다 필요한 것은 바로 책임감이다. 업무가 어렵고 벅차더라도 포기하지 않고 다른 사람은 어떻게 했는지, 과거에는 어떻게 진행되었는지, 내가 해야 할 일이 무엇인지 고민하고 실행에 옮길 수 있는 사람이야말로 기업이 원하는 인재라고 할 수 있다. 그러므로 학교나 다른 단체 등에서 책임감을 가지고 일을 진행하여 성과를 낸 사례가 있다면 채용 과정에서 충분히 강조하는 것이 좋다. 그런 경험이 없다고 해도 실천할 수 있는 방법은 여러 가지가 있다. 그 중 하나가 바로 마라톤이다. 현재 내가 운영 중인 회사에서는 매년 창립 기념일 행사의 하나로 10km 단축 마라톤을 하고 있다. 10km라는 거리는 체력보다는 속도 조절과 의지로 충분히 완주할 수 있기 때문에 젊은이라면 큰 준비 없이도 해낼 수 있다. 길고 긴 레이스가 지루하고 힘들 수 있지만, 끝까지 해내는 연습을 하다 보면 자연스럽게 끈기가 강해질 것이다. 때문에 작은 목표라도 완수하는 습관을 들이며 책임감 기르는 훈련을 꾸준히 할 필요가 있다.

윤리 - 인성

마지막으로, 조직은 인성이 바른 사람과 함께 일하기를 원한다. 회사에서는 일을 나눠서 한 다음 조합하여 최고의 결과를 만들어내는 과정으로 진행하기 때문에 협동심과 배려심을 갖춘 사람, 함께 했을 때 시너지를 낼 수 있는 사람이 되어야 한다. 그러기 위해서는 기본 인성이 중요한데, 이것은 하루아침에 만들어지는 것이 아니므로 평소 생활이 매우 중요하다. 부모님을 공경하고 형제와 우애 있게 지내는 사람은 그 마음이 얼굴과 몸가짐에 나타난다. 면접장에서만 예의 있게 행동하면 괜찮을 거라고 생각할 수 있지만, 본인의 생활 태도를 한순간에 바꾸는 것은 생각보다 쉽지 않다. 열 살 아래의 조카가 거짓말을 하면 금방 알아챌 수 있듯이, 구직자와 최소 15~20살 가까이 차이 나는 면접관들의 눈은 속이기 어렵다. 따라서 항상 면접을 준비한다는 마음가짐으로 생활 속에서 본인의 모습을 개선하려는 노력이 필요하다. 예를 들어 지하철에서도 다리를 모아 앉는 연습, 부드러운 미소 짓기 등 면접 대비 훈련은 어디에서든 가능하다. 처음에는 어색하겠지만 그런 변화를 통해 어색했던 부분도 점차 나의 모습이 되는 것이다.

개념 있는 '을' 되기

이처럼 을은 갑에 의해 규정되는 역할을 충실히 수행할 때 그 가치를 인정받는다. 이때 을에게 필요한 것은 자신의 위치와 역할에 대한 분명한 자각이다. 요즘 흔히들 말하는 '개념'이 있어야 한다. 이 개념이라는 것은 뭔가 대단하거나 전문적인 영역이 아니다. 누구나 일상을 통해 행할 수 있는 쉬운 일이다. 그렇지만 실제로 행하기는 어렵다.

거래 회사에서 들은 이야기를 하나 들려주겠다. 이 회사 홍보실에는 K라는 직원이 있다. 그는 서울 외곽에서 홀어머니를 모시고 산다. 직장과 거리가 꽤 먼데도 항상 출근 시간보다 한 시간 먼저 나와 사무실의 아침을 연다. 그는 상사가 어떤 업무를 시켜도 일단 "예, 알겠습니다"라고 대답한다. 그리고 자신이 할 수 있는 최선을 다해 그 일에 임한다. 그래도 도저히 어쩔 수 없을 때에는 상사에게 미리 보고하고 도움을 구한다. 어떤 점이 어려운지 솔직히 말하고 자신이 그걸 해낼 수 있는 다른 방법이 없는지 조언을 구한다.

한편, K가 근무하는 홍보실에는 입사 동기인 H가 있다. H는 명문 대학 출신의 재원으로 영어와 일어 실력이 뛰어나다. 그리고 자신의 능력에 대한 자부심 또한 높다. 그래서인지 부서 내의 자잘한 일에 관해서는 관심이 없다. 자신이 그 일을 하는 것은 인력 낭비라고 생각하는 경향이 있는 것이다. 상사가 뭔가를 지시하면 "그건 좀 부당한 것 같습니다" 혹은 "그렇게 일하는 것은 비효율적이라 생각합니다"라고 대답할 때가 비일비재했다.

어느 날 퇴근 시간이 임박할 무렵 홍보실에는 비상이 걸렸다. 언론사에 급하게 돌릴 자료를 만들어야 했다. 자료 작성이 거의 끝나고 이제 복사를 해서 제본하는 일이 남았다. 홍보실장은 H를 불러 급히 외부에 가서 복사와 제본을 해 오라고 지시했다. 그때 H의 대답은 실장을 아연실색하게 만들었다.

"그걸 꼭 제가 해야 합니까? 저, 오늘 약속이 있는데요."

"뭐? 자네 지금 뭐라고 했나?"

"전 오늘 중요한 약속이 있어서 퇴근해야 하니까, 이 정도 일은 다른 사람이 해도 충분할 것 같은데요."

사무실 분위기가 얼어붙었다. 이때 K가 홍보실장 앞으로 달려왔다.

"제가 해 오겠습니다."

K는 재빨리 자료를 챙겨 사무실 밖으로 빠져나갔다.

인쇄소에 복사와 제본을 의뢰하고 이것이 제대로 되었는지 확인하는 간단한 일이었지만, K가 해낸 일은 그 이상으로 대단한 것이었다. 그의 희생으로 야근하던 홍보실 직원 전체가 일을 마무리하고 퇴근할 수 있었다.

개념 있는 을이 된다는 것은 이처럼 쉬우면서도 어렵다. 획일화된 스펙 그 자체로는 의미가 없다. 지금 시대에 청년 구직자들이 해야 할 일은 기업이 원하는 진짜 인재로 거듭나는 일이다. 이를 위해 앞서 이야기한 성실함, 책임감, 인성과 같은 부분을 제대로 갖추고 있는지 나를 점검할 필요가 있다. 사회는 학교와 달리 냉정하다. 자신의 가치도 중요하지만, 지금과 같은 시기에는 회사의 존재 목적에 개인을 맞추려는 노력역시 소중하다. 보다 더 상품성 있는 나의 모습으로 어떻게 만들어 갈것인가 항상 생각하고 당장 오늘부터 준비하는 자세가 필요하다. 성실하고 책임감 있는 사람, 다른 사람과 함께 일할 줄 아는 사람이 선택받는다는 점을 염두에 두고 하루하루 본인을 다듬어 나가야 할 것이다.

5
정직하게 나를 돌아보자

목표와 망상 사이

한 젊은 친구가 있다. 그는 앞으로 로스쿨에 진학해서 변호사가 되고자 한다. 그래서 주변 사람들에게 자신의 꿈을 지원하는 마음으로 미리 '김 변호사'라고 불러 달라고 부탁했다. 술자리에서 건배할 기회가 있을 때면 "김 변호사를 위하여"라는 건배사를 해 달라고까지 했다.

그는 정말 변호사가 되고 싶어 하고 이를 위해 애쓰는 것 같다. 하지만 내 생각은 다르다. 그는 변호사가 되기 위한, 혹은 로스쿨에 진학하기 위한 구체적인 노력을 전혀 하고 있지 않기 때문이다. 그는 그저 우리 사회에서 변호사가 누리는 화려함이 부러울 뿐이고, 아무것도 하고 있지 않은 현재의 자신을 그럴듯하게 포장하기 위해 변호사가 될 사람임을 드러낼 뿐이다. 그가 꾸준히 노력하지 않는다면 변호사라는 그의 꿈은 현실적인 목표가 아니라 헛된 망상에 불과하다.

꿈은 목표가 될 수도 있고 희망 사항에 그칠 수도 있다. 자칫하면 망상으로 흘러 자신과 다른 사람에게 해를 끼칠 수도 있다. 꿈은 목표가 될 때 현실로 바뀐다. 그리고 그 목표를 위해 구체적인 노력을 할 때 그 실현 가능성이 높아진다. 이런 점에서 나를 정직하게 바라본다는 것은 나의 꿈이 과연 구체적이며 현실적인 목표가 되었는지에 대해 솔직하게 답변하는 것이다.

30%에 도전하라

취업을 준비하는 대학 4학년생들에게 취업 준비에 쓸 수 있는 시간은 한정되어 있다. 앞에서 여러 차례 대학을 졸업하기 전에 취업하는 것이 가장 좋고, 최소한 졸업한 지 6개월 안에 취업해야 안전하다는 점을 강조했다. 그러니 졸업 전까지 취업하겠다는 마음으로 목표를 세워야 한다. 하지만 이렇게 기한이 정해진 상태에서 내 능력보다 너무 큰 목표를 설정하면 그것은 이룰 수 없는 희망 사항이 되어 버린다. 그리고 이런 희망이 좌절되면 이룰 수 없는 꿈을 꾼 자신에 대해 반성하기보다는 자신이 처한 상황에 원망을 품게 될 수도 있다. 이를테면 꿈도 꾸지 못하게 하는 사회 구조를 한탄하고 충분히 지원해 주지 못한 부모님을 원망하는 것이다.

마음이 아프고 인정하기 싫겠지만 문제의 원인도 나, 문제의 해결책도 나라는 점을 있는 그대로 받아들이자. 그래야 비로소 출구가 보인다. 사회나 부모님을 원망하거나 내 문제를 해결해 달라고 떼를 쓸 때에는 출구가 보이지 않는다. 그러나 정직하게 나를 받아들이고 나면 해결의

실마리가 보인다. 그러고 나서 온 힘을 다해 내 인생의 다음 단계로 돌진하는 것이다.

대학 3학년 때의 목표는 내 능력보다 30% 정도 더 높은 지점으로 정하는 것이 좋다. 이보다 낮으면 게을러질 수 있고, 이보다 높으면 실현 가능성이 낮아진다. 내 능력보다 30% 이상 높은 목표를 달성하기 위해서는 지금까지의 행동 패턴에서 벗어나야 한다. 그것은 혁신이다. 혁신을 이루려면 나에게 익숙한 현재의 환경이나 방법에서 벗어나 전혀 다른 상황에 나를 집어넣어야 한다. 가령, 토익 점수를 높이기 위해 어학연수를 떠나는 것은 일종의 혁신이다.

그런데 대학 4학년이나 대학을 졸업한 후는 혁신하기에 적당한 때가 아니다. 이 시기는 내가 이미 가지고 있는 것들을 잘 갈고 닦아 강점으로 만들고, 그것으로 승부를 볼 시기다. 그 시기에 맞는 선택을 할 때 가장 효율적이며 실패할 확률도 낮다. 따라서 취업을 위한 혁신은 적어도 대학 3학년 때까지 끝내야 한다. 예를 들어 자격증을 따거나 어학 점수를 높이기 위해 어학연수를 다녀오거나, 휴대전화를 정지시키고 도서관에서 공부에 몰두하는 것, 그리고 인턴이나 공모전 준비 등은 대학 3학년까지 모두 마쳐야 한다.

농부는 봄에 씨를 뿌린다. 수확해야 할 가을에 씨를 뿌려서는 결실을 얻을 수 없다. 인생의 이치도 마찬가지다. 혁신해야 할 때 혁신하고 개선해야 할 때 개선하는 효율적인 판단이 필요하다. 때를 거스르면 그만큼의 시간과 비용이 든다. 게다가 본인은 더욱 고통스럽다.

인정하는 자세

"요즘 젊은이들은 너무 눈이 높아. 눈높이를 낮춰야 해."

취업이나 결혼을 앞둔 젊은이들에게 어른들이 자주 하는 말이다. 그러나 이 말은 타당하지 않다. 내 눈의 높이를 정직하게 인정한다면 굳이 낮출 필요는 없다. 내 눈이 지상 170cm에 있는데 내가 지상 230cm를 보고 있다면 이는 눈높이가 올라간 것이다. 그러나 170cm 인근을 보고 있다면 이는 타당하다. 굳이 눈높이를 낮출 필요가 없다. 눈높이를 낮춘다는 것은 자신이 가진 능력보다 낮게 조정하라는 뜻으로 들리기 마련이다. 그러나 누구도 이를 원하지 않는다. 누구든 자신의 능력보다 더 좋은 곳에서 더 좋은 대우를 받고 싶은 것이 당연하다.

적합한 눈높이를 유지한다는 것은 바꾸어 말하면 "나의 상황에 맞게 선택하자"는 의미다. 그러려면 먼저 나의 상황을 정직하게 인정해야 한다. 내 목표와 나의 차이, 나와 경쟁자의 차이를 깔끔하게 인정하자.

나의 상황에 맞게 선택하는 한 가지 방법은 '어느 회사에 갈 것인가?' 대신 '어떤 일을 할 것인가?'를 먼저 생각하는 것이다. 전자는 직장을, 후자는 직업을 중심으로 진로를 고려하는 태도다. 내가 잘할 수 있고, 즐겁게 할 수 있으며, 노력하면 더 발전할 수 있는 일을 선택할 때, 즉 직업에 우선순위를 두고 취업 전략을 세울 때 현실적인 실현 가능성이 높아지고 앞으로의 삶도 더 풍요로워진다.

대학 입시 때 어떤 학생들은 학교를 먼저 선택하고 성적에 맞춰 전공할 학과를 선택한다. 그런데 어떤 학생들은 전공하고 싶은 학과를 선택한 후에 성적을 고려해 그것을 잘 배울 수 있는 학교를 선택한다. 어떤 것이 효율적일까? 혹시 대학 입시 때 학교를 먼저 선택했다 하더라도 취업할 때는 그 패턴을 바꾸어야 한다. 비효율적인 방식을 계속 고집할 수는 없지 않은가? 대학은 4년만 다니면 되지만 직업은 끝마치는 기한이 없다. 그러므로 내 인생의 방향에 맞는 업을 선택하는 것이 좋다. 좋아하는 전공을 공부할 때는 힘들어도 재미를 느끼고 능력도 인정받을 수 있는 것처럼, 내 적성과 능력에 맞는 업종에서 일해야 훨씬 더 잘할 수 있다. 능력을 인정받으며 행복하게 직장 생활을 하고 싶다면 나에게 맞는 업종을 선택하자.

나에게 맞는 업종을 찾기 위해서 확인해야 할 세 가지 사항이 있다. 첫째가 '나의 준비 수준'이다. 내가 갖추고 있는 스펙과 함께 인성과 태도 항목까지 구체적으로 정직하게 점검해 보자. 그리고 내가 세운 목표를 점검하면 나의 준비 수준을 파악할 수 있다. 두 번째는 목표로 했던 회사와 나의 차이, 그곳에 지원하는 경쟁자들과 나의 차이를 확인하는 것이다. 그리고 세 번째는 나의 진로 적성 파악이다. 진로 적성 검사는 대학 2학년을 마치기 전까지 받아 보는 것이 좋다. 이렇게 내 적성을 파악한 후 3학년 때는 적성을 검증할 만한 인턴 활동을 하고, 4학년 때 이를 바탕으로 내가 취업하려고 하는 업종에 맞는 이력서와 자기소개서를 만드는 것이 가장 효과적이다. 이런 과정을 거친다면 내가 이 일을 얼마나 원하는지, 얼마나 준비했는지 보여 주어 합격 확률을 높일 수 있다.

남 탓 아닌 내 탓

우리 회사의 컨설턴트들이 취업 상담을 하다 보면 '계속 이런 식이면 취업하기 어렵겠는데……'라는 생각이 들 때가 있다고 한다. 대부분은 취업 준비생이 인성과 태도를 갖추지 못한 경우가 그렇다.

"제가 스펙이 부족해서 안 된 것 같아요. 영어 성적을 올려야겠어요."

자신이 원하는 회사의 1차 서류 전형에서 불합격한 한 젊은이는 곧장 영어 학원에 등록했다. 그는 여러 군데에 입사 지원서를 냈었다. 비록 원하는 곳에서는 불합격했지만, 서류가 통과되었으니 면접을 보러 오라는 데도 몇 군데 있었다. 하지만 그는 면접을 보러 오라는 회사에는 가지 않고 어학연수나 학원에 다녀야겠다는 결론을 내렸다. 나중에 알고 보니 젊은이가 원했던 대기업에 합격한 사람들의 평균 토익 점수는 900점이었다. 그런데 그의 토익 점수는 700점대였다. 토익 점수 200점을 단기간에 올리기란 쉽지 않다. 조급증이 생긴 그로서는 더욱 어려웠다. 결국 자신감이 떨어지고 나중에는 자신에 대해 부정하기에 이르러 우울증에 걸렸다고 한다.

그의 우울증은 사회가 만들어 준 것이 아니다. 냉정하게 말하자면 스스로를 정직하게 인정하지 않았기 때문에 생긴 것이다. 이런 젊은이들은 "세상이 나를 받아주지 않아" "쟤하고 나는 별 차이도 없는데 쟤는 집이 잘살고 연줄이 든든해서……" "세상은 정말 불공평해" 등의 원성을 쏟아내곤 한다. 이런 종류의 이야기들은 철없는 어린아이들의 투정과 다를 바 없다.

입장을 바꿔서 생각해 보자. 세상은 왜 나를 무조건 받아 주어야 하는가? 맞다. 세상은 불공평하다. 지금까지 계속 그래 왔다. 눈을 멀리 돌려 제3세계 빈곤국의 젊은이들과 비교해 보면 나 역시 그 불공평함이 수혜자가 아닌가? 이미 없는 연줄을 탓하지 말자. 부조리한 세상을 탓하는 데 아까운 청춘을 허비하지 말고, 그런 세상에서 살아가야 하는 현실을 인정하고 받아들이자.

취업 현장에서는 면접 보러 오라고 통보한 회사들이 객관적인 자기 수준이다. 이를 수용하고 그곳에 입사하기 위해 모든 것을 쏟아 붓자. 면접을 보러 가기 전에 미리 그 회사에 대해 알아보고 성의껏 준비한 후 최선을 다해 면접을 봐야 합격할 확률이 높다.

정직하게 자신을 보지 않는 또 다른 유형은 실패 경험이 없거나 너무 많은 사람이다. 이들은 두려움 때문에 자신이 처한 현실을 인정하려 하지 않는다. 걱정만 태산이고 행동은 하지 않는 사람들 역시 정직하게 자신을 들여다보지 않는다. 걱정만 하는 사람은 해야 하는 이유보다 하지 말아야 하는 이유를 먼저 찾는다. 행동하지 않는데 무엇을 할 수 있을까? 잊지 말자. 인생은 동사다. 자신이 취업 전형에서 떨어진 이유를 가정환경 탓으로 돌리는 사람들도 있다. 물론 가정환경이 어렵다면 다른 사람과 경쟁하는 것이 힘들고 불리할 수 있다. 그렇지만 그게 다는 아니다. 이미 주어져 바꿀 수 없는 조건이 있는 것처럼 바꿀 수 있는 것도 있다. 있는 그대로를 객관적으로 받아들이고, 어쩔 수 없는 상황을 탓하지 말자. 황금 같은 시간과 자원만 낭비하는 것이다.

사람은 누구나 나 자신에게 온정적이다. 그래서 '내가 보고 싶은 나'를 보려는 마음이 크다. 그것이 나에게 정직하기 어려운 이유다. 하지만 취업하고 싶고 판타지가 아닌 현실에서 잘 살고 싶다면 현실적이고 구체적으로, 또한 냉정하게 객관적으로 검증된 나의 모습을 봐야 한다. 인정하기 싫고 회피하고 싶겠지만, 남과 비교된 나의 모습을 받아들일 때 비로소 기회를 준 것에 감사하는 마음이 생긴다. 이것이 성공 취업의 시작이다.

6

'나는 누구인가'에
취업의 열쇠가 있다

선택의 순간

일반적으로 중학생들이 좋은 고등학교에 진학하려는 이유는 소위 명문대라고 불리는 학교에 들어가기 유리하기 때문이다. 그래서 학부모들은 자녀가 명문대에 진학하기를 바라는 마음으로 중학교 때부터 많은 공부를 시킨다. 방학 때마다 어학연수를 보낸다든지 꾸준히 외국어 공부를 하게 하는 것도 그러한 행동의 일환이라고 볼 수 있다. 이 때문인지 실제로 외고나 과학고 같은 특목고를 졸업한 학생들이 명문대에 가는 경우가 많다. 그러다 보니 청소년들은 미래의 꿈을 향해 멀리 보고 달려가기보다는 당장 성적표에 찍힐 높은 점수를 위해 치열하게 공부한다. 이렇게 열심히 공부해서 좋은 대학교에 들어간다고 해도 취업이라는 또 다른 관문이 기다리고 있다. 남들이 알아주는 직장에 취입하고 싶은 대학생들은 스펙을 쌓는 데에 젊음을 바치는 경우가 허다하다. 지식의 상아탑인 대학교도 이미 취업을 위한 학교가 되어 버린 현실이다. 하지만 이러한 상황의 옳고 그름을 따지려고 이 이야기를 꺼낸 것은 아니다.

원하는 고등학교와 대학교, 직장에 들어가기 위해 열심히 노력하는 것까지는 좋다. 하지만 우리는 학교나 직장 같은 선택의 순간이 왔을 때 '자기 분석'이라는 과정을 통해 인생의 진로를 보다 신중하게 결정할 필요가 있다. 특히 사회인으로서는 몇십 년을 살아갈지 모르기 때문에 일하는 분야와 자신의 적성이 잘 맞는지는 상당히 중요하다. 적성에 맞지 않는 일을 계속 하게 될 경우, 노력에 비해 발전 속도가 느릴 수 있고 일하면서 쉽게 스트레스를 받기 때문이다. 사회생활 초기에는 별 차이가 없는 것처럼 느낄 수 있지만, 본인의 특성과 잘 맞는 일을 하면서 동기부여까지 될 때 확실히 그 분야에서만큼은 다른 사람들에게 인정받을 수 있을 정도로 뛰어난 결과를 만들어낼 수 있다.

최근 한 취업 포털 사이트가 실시한 구직자 대상 설문조사에 의하면, '취업 준비에 꼭 필요하다고 생각하는 취업 교육'으로 '자기 분석 및 적성 검사'가 85%를 차지했다고 한다. 뒤이어 '직업 정보·진로 지도' 교육이 53%를 차지했다. 이러한 결과를 보면 구직자들도 자기 분석과 적성 검사에 대한 중요성을 충분히 인지하고 있다는 것을 알 수 있다. 하지만 이를 실제 행동으로 옮기는가를 보면 꼭 그렇지만은 않은 것 같다. 고학년임에도 휴학을 하고 어학연수를 다녀온다든지, 졸업을 늦춰서 취업을 준비하는 현상이 여전한 것은 취업을 위한 스펙 높이기가 계속되고 있다는 증거다. 게다가 취업 준비라고 해도 대부분 자격증이나 어학 공부인데, 그 자체가 일을 잘 해내는 데에 직접적인 영향을 미치지 않는다는 것을 빨리 깨달았으면 한다.

자기 분석과 적성 검사

스펙이 좋다고 하면 지식적인 측면에서 어느 정도 검증이 되었다고 볼 수 있겠지만, 일반적으로 사회에 나온다는 것은 스스로 일을 해내는 사람이 된다는 의미다. 혼자 하든, 나눠서 함께 하든 일이라는 것을 해야 하는데, 그 일이란 바로 가치를 만들어내는 것이다. 그 가치의 기준은 다른 사람보다 더 좋은 결과를 만들어내는 데 있다고 볼 수 있다. 일반적으로 평범한 사람들이 낼 수 있는 평균치를 기준점이라고 한다면, 그보다 얼마나 더 해내느냐가 그 사람의 플러스적 가치가 될 수 있을 것이다.

따라서 이제부터는 머리로만 자기 분석, 적성 검사가 중요하다고 생각할 게 아니라 실제로 나의 적성을 파악하고 장점을 최대한 발휘할 수 있도록 적극적인 방법을 찾아야 한다. 다른 사람들과 비교해서 내가 잘하는 것과 못하는 것이 무엇인지, 하고 싶은 것과 하고 싶지 않은 것은 무엇이고, 하고 싶지 않다면 그 이유는 무엇인지 꼬리에 꼬리를 무는 자문자답을 통해 본인의 특성을 알아 가야 한다. 또한 예술가 집안에 예술가가 많고, 학자 집안에 학자가 많은 경우를 보면, 환경적인 요인도 있겠지만 부모에게 물려받은 유전적 요인도 무시할 수 없음을 알 수 있다. 때문에 본인이 무엇을 좋아한다면 부모나 형제들의 선호 경향은 어떠한지, 좋아하는 이유는 무엇인지 다각적인 검토를 통해 스스로를 분석하는 과정도 필요할 것이다.

한편 성격 검사(MBTI, 에니어그램, DISC 등), 흥미 검사(STRONG, Holland 직업선호도검사 등), 직업 적성 검사, 직업 가치관 검사와 같은 전문적인 검사 도구를 통해 자신의 모습을 객관적으로 이해하는 방법도 바람직하다. 검사 도구를 통해 알 수 있는 내 모습과 다른 사람들이 말해 주는 내 모습에 대해 이해하려고 하는 것은 매우 바람직한 자세다. 본인이 좋아한다고 생각하는 분야에 대해서도 내가 잘하기 때문에 좋아하는 것인지 겉으로 화려해 보이기 때문에 좋아하는 것인지 생각해 볼 필요가 있고, 남들이 많이 하니까 따라 하고 싶은 것은 아닌지 검토해 보아야 한다. 이러한 과정은 나의 진로를 설정하는 데 많은 영향을 미치기 때문이다.

취업이 잘 안 된다고 하는 학생들의 상당수가 자기 자신의 모습을 명확하게 알지 못하고 확실하게 진로를 설정하지 못한 경우이기 때문에 이러한 활동은 최소 4학년 이전부터 꾸준히 이루어지는 것이 좋다. 기졸업자나 경력자의 경우에도 앞서 말한 다양한 방법을 통해 본인의 적성을 지속적으로 객관화시켜 자신만의 비교 우위를 가진 직업을 택하는 것이 바람직하다.

7
나를 통찰하는 눈

"너 자신을 알라!"

누구나 알고 있는 소크라테스의 명언이다. 누구나 다른 사람을 보는 데는 익숙하다. 그러나 시선을 돌려 나 자신을 보는 것은 낯설다. 내가 어떤 사람인지 아는 것은 취업과 관련이 없다 해도 중요한 인생의 화두다. 그 큰 화두를 지금 다 이야기할 수는 없다. 이 글은 취업을 준비하는 사람들을 위한 것이다. 그렇다면 다시 묻는다.

"너 자신의 무엇을 알아야 하나?"

취업하기 위해서는 나라는 존재의 소중함과 특징과 부족함을 알아야 한다. 좋은 것은 발달시키고 좋지 않은 것은 고쳐 사회 속에서 나를 완성시켜야 하기 때문이다.

나에게 가장 관심을 가져야 할 사람

"저는 고등학교 때 수학이 정말 싫어서 문과에 갔어요."

"그림 그리는 게 재밌어서 미대 입시를 준비했는데 나중에는 점점 싫어졌어요."

주변에서 자주 듣는 이야기들이다. 우리의 인생은 '선택'으로 그려지는 지도다. 중학교 때 진지하게 자신의 적성을 파악해서 어떤 고등학교에 진학할지 선택하고, 대학을 갈 때도 마땅히 그래야 한다. 하지만 현실은 그렇지 않다. 대부분 그저 자신의 선호도에 따라 선택하고 있다. 취업 준비생이라면 일을 선택하기 위해 반드시 깊은 자기 이해를 거쳐야 하고, 전문적인 직업 적성 검사를 해야 한다. 그리고 현장 경험을 통해 검증하고 부모나 주위 사람 등 관찰자들이 보는 모습을 파악하여 나를 여러 각도에서 살펴야 한다. 취업 후에는 학생이 아니라 사회인, 직업인으로 제 몫을 다하며 살아야 하기 때문이다.

세상, 부모, 교수가 나에게 관심을 갖지 않는다 해도 서러워하지 말자. 나에게 가장 관심을 가져야 할 사람은 바로 나다. 내가 나에게 관심을 가지면 된다.

"취업 준비는 잘 돼 가니?"

부모님께서 이렇게 물으시면 뭐라고 대답하겠는가?

"네. 이번 10월에 ○○무역에 시험 보려고 준비하고 있어요"라고 답하는지, 아니면 "아, 몰라요. 제가 알아서 할게요."라고 하는지 되돌아보자. 무심코 하는 말에서도 취업에 대한 나의 준비 상태가 드러난다. 전자는 자신을 잘 파악하고 준비하고 있는 사람, 후자는 자기도 자기를 몰라서 막연히 취업 스트레스만 받고 있는 사람일 가능성이 크다. 대학 4학년이 되면 더는 나를 모른 척 내버려 둘 수 없는 시기가 온다. 진정한 성인이 되는 관문이 눈앞에 다가왔기 때문이다. '지피지기면 백전백승'이라고 했다. 여기서 상대를 아는 '지피'보다 중요한 것이 나를 아는 '지기'다. 구체적인 도구를 사용해서 나를 분석해 보자.

좋아하는 것을 선택하면 잘할 수 있다?

나는 오랫동안 일기를 써 왔다. 일기 쓰기는 내 글쓰기에 큰 도움이 됐다. 내가 일기를 쓰기 시작한 것은 중학교 1학년 때 대학 노트를 상으로 받았기 때문이다. 담임선생님께서 첫 중간고사 때 평균 90점 이상 받은 학생들에게 상으로 대학 노트를 한 권씩 주셨다. 나는 그 노트가 아까워서 일기를 쓰기 시작했다.

어느 날, 국어 선생님께서 일기를 쓰는 사람이 있으면 손을 들어 보라고 하셨다. 우리 반에서 나 혼자 손을 들어 칭찬을 받았던 기억이 또렷하다. 칭찬을 듣고 신바람이 난 나는 대학을 졸업할 때까지 계속 일기를 썼다. 그렇게 일기를 쓰면서 기록, 리뷰, 분석 능력을 높일 수 있었다. 나는 일기 같은 글쓰기가 좋았고 잘한다는 평가도 받았다. 그런데 일기 쓰기에 흥미를 느꼈던 내가 글 쓰는 것을 장래 본업으로 생각했다면 결과는 썩 좋지 않았으리라 생각한다. 다행히 나는 글과 관련된 계통의 직업은 고려하지 않았고 아예 문과로 가지도 않았다. 내가 일기 쓰기를 좋아한 것은 우연한 계기를 통해 생긴 특별한 흥미일 뿐 나의 능력은 아니다. 그것을 통해 몇 가지 능력이 향상되기는 했지만 다른 사람들에 비해 그다지 뛰어나지도 않다. 그런데 이를 섣불리 과장해서 생각한다면 자신을 엉뚱한 사람으로 인식하게 될 수도 있다.

이렇게 어떤 우연한 계기를 통해 그 일을 좋아하거나 싫어하게 될 수 있다. 마찬가지로 내가 어떤 것을 못한다는 생각도 진짜인지 생각해 볼 필요가 있다. 수학을 싫어하게 된 것이 수학 선생님께 혼이 났다든지, 짝사랑하던 여자 친구 앞에서 수학 문제를 못 풀어 망신을 당한 수치스러운 기억 때문일지도 모른다. 아니면 계산을 귀찮아하는 게으른 성격 때문일 수도 있다. 그러므로 내가 먼저 마음의 문을 열고 시도하거나 도전해 본다면 내 안에 숨어 있던 다양한 능력을 발견할 수 있다. 또 내가 그림을 좋아해서 미대에 왔는데 막상 와 보니 미술이 적성에 맞지 않아 다른 길을 찾아야 할 수도 있다. 그런 점에서 내가 좋다고 한 선택이 우연한 경험에서 비롯된 충동적인 호감이 아니었는지도 점검해 볼 필요가 있다.

익숙해서, 혹은 내가 좋아하니까, 아니면 남들이 추천하기 때문이라는 이유 하나만으로 취업 진로를 선택하지 말자. 나의 모습과 속성을 주관적으로 살펴보고 객관적으로 평가한 후에 공통점을 찾으면 내가 어떤 사람인지에 대해 파악할 수 있다.

자기 점검 도구

요즘은 자기 이해를 위한 도구가 많이 나와 있다. 에니어그램, MBTI 등 성격 유형 검사를 비롯해서 가치관 검사, 사회성 검사, 진로 적성 검사, 강점 검사 등 조금만 신경 써서 찾아보면 다양한 종류의 검사를 받

심리검사 명	검사시간	실시가능	검사안내	결과예시	검사실시
성인용 직업적성검사	90분	인터넷, 지필	안내보기	예시보기	↵검사실시
직업선호도검사 S형	25분	인터넷, 지필	안내보기	예시보기	↵검사실시
직업선호도검사 L형	60분	인터넷, 지필	안내보기	예시보기	↵검사실시
구직효율성검사	20분	인터넷, 지필	안내보기	예시보기	✎검사실시
구직준비도검사	20분	인터넷, 지필	안내보기	예시보기	✎검사실시
창업진단검사	20분	인터넷, 지필	안내보기	예시보기	✎검사실시
직업전환검사	20분	인터넷, 지필	안내보기	예시보기	✎검사실시
구직욕구진단검사	5분	인터넷, 지필	안내보기	예시보기	✎검사실시
직업가치관검사	20분	인터넷, 지필	안내보기	예시보기	✎검사실시
영업직무 기본역량검사	50분	인터넷, 지필	안내보기	예시보기	↵검사실시
IT직무 기본역량검사	95분	인터넷, 지필	안내보기	예시보기	↵검사실시
준고령자 직업선호도검사	20분	인터넷, 지필	안내보기	예시보기	↵검사실시
대학생 진로준비도검사	20분	인터넷, 지필	안내보기	예시보기	↵검사실시

심리검사 결과조회   심리검사 상담하기

을 수 있다. 직업 심리나 적성 검사는 워크넷(http://www.work.go.kr)에서 인터넷을 통해 무료로 검사를 받을 수 있다. 위와 같이 다양한 형태의 직업 관련 검사가 마련되어 있다.

이런 검사는 목표를 설정하는 데 도움을 준다. 하지만 이 도구의 결과를 반드시 100% 신뢰할 수 있는 것은 아니다. 경계선 상에 있는 경우는 한두 문제의 답이나 검사할 때의 분위기, 답하는 나의 의도에 따라 평가가 달라지기 때문이다.

더 자세히 자신을 파악하기 위해서는 가장 먼저 자문자답을 통해 자기 분석을 하는 것이 좋다. 꼼꼼한 자기 분석을 통해 자기 이해를 먼저 해야 도구를 활용한 자기 이해도 정확해진다. 사실은 소극적인 사람인데 그것을 극복하려다 보니 무의식적으로 적극성을 띠려고 노력하는 사람이 있다고 하자. 그런 사람은 자기 이해가 부족해서 검사할 때 소극적인지 적극적인지 묻는 질문에 적극적이라고 답할 수 있다. 그러면 검사 결과가 달라진다. 어떤 계열이라는 큰 흐름을 부정할 수는 없지만, 사실 사람들은 대부분 비슷하고 특정 부분만 독특하기 때문에 반드시 테스트 결과를 해석할 때 전문가의 도움을 받아야 한다.

나에 대한 통찰

자문자답을 통한 자기 분석, 도구에 의한 검사, 나를 가까이에서 오랫동안 관찰한 사람들의 평가 등을 모아 그 속에서 공통점을 찾기 위해서는 이 자료들을 '통찰할 수 있는 눈'이 필요하다. 물론 전문가의 도움을 받을 수도 있지만 내가 직접 그런 능력을 갖추는 것이 가장 좋다. 나에 관한 자료들을 통찰할 수 있는 눈을 가지려면 경험 속에서 검증하는 것이 효과적이다. 인턴이나 아르바이트를 하면서 일하는 내 모습을 파악하는 것이다. 예를 들어 사무직이 적성에 맞는다면 사무실에서 사무 보조를 하는 아르바이트나 인턴으로 일해 보자. 그리고 내가 주어진 사무 일을 어떻게 하는지 관찰해 보자. 막연하게 상상하던 업무의 실체를 경험하고 나면 내가 그 일을 잘할 수 있을지 알 수 있다. 사람들 사이에서 활발하게 교류하며 영업하는 일이 적성에 맞는다면 매장에서 물건을 판매하는 일을 해보면서 그 일이 정말 내가 잘할 수 있는 일인지 직접 알아보면 된다.

일하는 나의 모습을 파악하기 위해서는 세 가지 방법이 필요하다. 첫째는 내가 어떤 일을 할 때 신이 나고 재미있는지 파악하는 것이다. 그 일 자체가 좋은지, 사람들과 관계 맺는 일이 좋은지, 일을 분석하고 파악하는 일이 좋은지 자신을 들여다보며 알아내는 것이다.

둘째는 내가 잘하는 일이 무엇인지 알아보는 것이다. '잘하는 일'이란 남들만큼 일했을 때 남들보다 월등하게 큰 성과를 내는 일, 혹은 남들보다 더 적게 했는데도 남들만큼 성과를 내는 일이다. 학교에 다닐 때도 내가 조금만 공부하면 성적이 많이 올라가던 과목이 있을 것이다. 그게 잘하는 과목이다. 그리고 내가 남들과는 차별되는 능력을 갖고 있을 수 있다. 예를 들어 어린이 전용 극장에서 아이들을 돌보는 아르바이트를 했는데 유난히 아이들이 잘 따르고 쉽게 아이들과 소통할 수 있었다면 그것도 내가 잘하는 일일 수 있다.

세 번째는 주위의 평가를 듣는 것이다. 이때 주의할 점은 반드시 나를 관리하던 상사에게 평가받아야 한다는 것이다. 같은 직급의 동료나 친구에게 물어볼 일이 아니다. 그들의 눈은 나와 비슷한 수준이다. 하지만 내가 일하는 모습을 지켜본 상사는 그들과는 다른 차원에서 볼 수 있는 넓은 시야와 안목을 가진다. 이런 과정을 거치면서 여러 측면에서 나를 파악하다 보면 '나를 통찰하는 눈'이 생긴다.

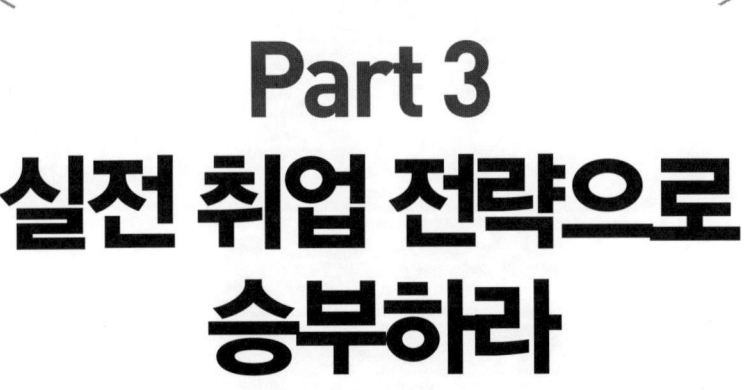

Part 3
실전 취업 전략으로
승부하라

1
취업에도 전략이 필요하다

취업은 전쟁이다

'전략'이라는 용어는 원래 군사학에서 쓰던 말이다. 그런데 어느새 이 용어가 비즈니스 같은 경쟁 현장에서도 사용되고 있다. 세상 사람들이 서로 아끼고 협력하면서 사이좋게 살 수만 있다면 얼마나 좋겠는가? 그러나 세상은 그렇지 않다. 남과 싸워 이겨야 할 때도 있다. 그래서 '전략'이라는 살벌한 단어는 어디에서나 쉽게 들을 수 있는 흔한 말이 됐다.

이제는 취업 현장도 전쟁터나 마찬가지다. 이 사실을 먼저 인식하는 것이 좋겠다. 그 정도로 절박하게 받아들이고 긴장감을 갖는 자세가 필요하다. 전쟁은 빨리 끝내는 것이 좋다. 시간을 끌수록 피해가 막심해진다. 취업도 마찬가지다. 기간이 길어지면 나와 가족들의 고통도 그만큼 늘어난다. 따라서 취업 전쟁을 효과적으로 빨리 끝내고 승리를 거두어야 한다. 그러려면 전략이 필요하다.

여기서는 취업을 전쟁에 비유하면서 전쟁의 기술을 취업 전략으로 끌어들여 소개하고자 한다. 우리가 흔히 아는 간단한 것들이다. "싸우지 않고 이기는 것"과 "속전속결"은 이상적인 전략이다. 취업 전쟁을 빨리 끝내야 함은 이 책 전체의 일관된 주제이며 누차 언급했으니 더는 강조할 필요가 없을 것 같다. 여기서는 병법 중의 기본인 "지피지기 백전백승(知彼知己 百戰百勝)"을 취업과 관련해서 풀어가려고 한다.

지피지기면 백전백승

'지피'는 적을 아는 것이다. '취업 경쟁자들'을 적으로 보는 것도 맞지만 '취업하려는 직장' 역시 이겨야 할 대상이므로 중요한 적으로 간주하겠다. 그리고 직장은 전투의 목표가 되므로 전략적 요충지인 '고지'가 될 수 있다. 어쨌든 취업 준비생들은 이겨야 할 적이자 정복해야 할 고지로서의 기업을 잘 파악해야 한다.

'지기'는 나를 아는 것이다. 여기서의 '나'는 존재 자체로서의 나를 다루지 않는다. 철학적이고 본질적인 인간 탐구는 잠시 미루겠다. 취업 현장에서의 나는 '남에게 보이는 나'이며 '평가받는 나'이다. 내가 생각하는 나 대신 취업이라는 전쟁터의 한복판에 있는 나를 냉철히 파악해야 한다.

'지피지기'가 되면 이제 이기는 일만 남았다. 확실한 승리를 거머쥐기 위해서는 유용한 고지(좋은 직장)를 선택하여 선점한 뒤 사기를 높이고(동기부여), 지형지물(내가 처한 상황)을 파악하여 작전(취업 플랜)을 짜고 효과적으로 전투(서류 전형과 면접)에 임해야 한다. 이 과정에서 전문가의 도움(지원군을 활용)을 받는 것도 유용할 수 있다.

이번 장에서는 취업 전략을 지피와 지기, 그리고 백전백승의 전투 기술로 나누어 설명할 것이다. 청운의 꿈이 시작되는 아름다운 과정을 포탄이 난무하는 전쟁터로 비유하는 나 역시도 마음이 불편하다. 그러나 현실은 현실이다. 어떻게 싸우고 어떻게 이길지 구체적으로 풀어 보자.

2
지피 취업 전략
- 회사를 면접하라

대기업만 고집하는 사람들

앞에서 취업해야 할 직장은 '적'인 동시에 '고지'라고 이야기했다. 전쟁에서 이기기 위해서는 전략적인 요충지를 차지하는 일이 중요하다. 그런데 좋은 고지가 어딘지에 대해서는 의견이 분분하다. 나폴레옹은 다른 사람들이 생각하는 곳이 아닌 의외의 지점을 선택하는 것으로 유명했다. 전쟁이 끝나면 비로소 그의 선택이 얼마나 탁월했는지 드러나곤 했다. 이처럼 남들이 보기에 좋은 고지만이 유리한 것은 아니다. 경우에 따라서는 드러나지 않은 다른 고지를 발견할 수도 있다.

많은 대졸 청년 구직자들이 졸업 후 가고 싶은 직장으로 대기업을 선호한다. 그런 현상은 충분히 이해할 수 있지만 문제는 대기업 외에는 아예 쳐다보지도 않는 젊은이들이 의외로 많다는 사실이다. 본인이 만족하며 다닐 수 있는 수준의 기업이 생각보다 많이 있음에도 불구하고, 단지 규모가 작다는 이유로 지원조차 하지 않는 구직자들이 많다. 이는 취업의 훌륭한 기회를 스스로 놓치는 것이다. 지원할 수 있는 기업의 범위를 알아보는 방법은 생각보다 다양하다. 우량 기업인지 아닌지, 본인이 입사 후 발전할 가능성이 충분한 회사인지 아닌지도 구체적인 기업 분석을 통해 스스로 판단할 수 있다. 본인이 직접 수집하고 정리한 정보를 바탕으로 한 입사 지원은 후회가 적고, 취업을 하고 나서도 퇴사할 가능성이 비교적 낮다.

우리 회사에서 취업 컨설팅을 받은 학생들 중 기계과를 전공했던 한 남학생의 사례를 소개하고자 한다. 그는 학력에 대한 콤플렉스 때문에 전문대에서 4년제 대학교에 편입한 학생이었다. 그래서인지 자신의 노력을 보상받고 싶다며 대기업이 아니면 취업하지 않겠다는 태도를 오랫동안 고수하고 있었다. 상반기에 지원한 기업도 자신이 이름을 알고 있던 대기업 세 곳에 그쳤다. 선택 기준은 사회적으로 높은 인지도와 동종 업계의 다른 회사들에 비해 높은 연봉이었다. 우리는 범위를 조금 더 넓혀 중견 기업에도 지원하기를 권유했지만, 대기업 입사 의지가 확고했던 그는 컨설턴트의 의견을 들으려 하지 않았다. 그러다 상반기 공채에서 모두 탈락했고 다른 기업은 거들떠보지도 않은 채 바로 하반기 공채를 준비하려고 했다.

취업을 빨리 하고 싶어 하면서도 자신이 아는 대기업 외에는 눈을 넓히려 하지 않는 학생이 안타까웠던 컨설턴트는 그를 학교에서 주최하는 취업 캠프에 참여하게 했다. 이 캠프는 많은 사람들과 취업에 대한 실질적이고 구체적인 정보를 공유하면서 스스로 본인의 준비 상태를 되돌아보는 계기를 마련해 주었다. 이 경험으로 남학생은 자신이 한정된 정보를 토대로 취업을 준비하고 있었음을 깨달았다고 털어놓았다. 이후 이 학생은 컨설턴트와 지속적으로 상담을 진행하면서 중견 기업이나 우량 중소기업에서 경력을 쌓아 탄탄하게 실력을 갖추어 큰 회사로 이직하겠다는 목표를 정했다.

좋은 회사 가려내기

자산, 매출액, 종업원 수 등의 규모와 사회적 인지도만이 좋은 기업의 요건은 아니다. 많이 알려져 있지 않고 규모도 크지 않지만 건실하고 성장률이 높은 알짜 기업들도 꽤 많다. 이런 회사들을 잘 골라내는 것은 취업 전략의 중요한 단계다. 그리고 자신이 지원할 회사와 해당 산업에 대해 관심을 갖고 미리 공부해 두면 입사 지원서를 쓰거나 면접을 볼 때 유리할 수 있다.

좋은 기업을 판별하기 위한 첫 단계는 기업 정보 분석이다. 기업 정보를 자세하게 파악할 수 있는 방법을 몇 가지 알아보자. 기업 관련 기초 자료 및 관련 현황을 수집하는 데 유용한 인터넷 사이트로 코참비즈(korchambiz.net), DART(dart.fss.or.kr) 등이 있다. 또한 중소기업청(smba.go.kr) 사이트에서는 중소기업 정보만 따로 확인할 수 있다. 이곳에서는 사업 실적, 기업의 자본금과 매출액, 사원 수 대비 매출액의 안정성, 영업 이익 등을 알 수 있기 때문에 기업의 실체를 파악할 수 있다. 또한 최근 3년간의 자료를 비교 분석하는 방법을 통해 발전 가능성이 있는 기업인지, 안정적으로 성장하고 있는지도 판단할 수 있다. 이밖에 해당 기업의 보도 자료, 기사, 기업 IR, 증권사 분석 자료, 해당 산업 협회 홈페이지 등을 활용할 수 있다. 실무진을 만나서 자문을 구하는 것도 기업 정보를 수집하는 좋은 방법이다. 내부 문화나 이슈가 되는 사항에 대해 생생하게 알 수 있기 때문이다.

철저히 분석하면 시야가 넓어진다

점령하고자 하는 고지를 찾았으면 본격적인 지피를 해야 한다. 적을 상세히 꼼꼼하게 알수록 더욱 유리하다. 사례에 등장한 학생은 초반에는 주로 기업의 홈페이지를 이용하여 정보를 찾았으나 컨설팅을 받은 이후 다양한 경로로 꼼꼼히 기업 정보를 살폈다. 그 결과 본인이 정말 입사하고 싶은 기업으로 자동차 제조 분야 중견 기업 M사와 중견 건설 기업 S사를 선택할 수 있었다. 다행히 두 곳 모두 서류 전형에 무사히 통과했지만 하필이면 면접 전형이 같은 날이었다. 자동차 기계 쪽에 관심이 많았던 이 학생은 그 분야에서 성공하겠다는 의지를 다지며 M사의 면접에 임했다. M사의 채용 설명회마다 찾아다니며 인사 담당자로부터 구한 자문, 최근 1년 사이의 뉴스를 검색하여 알게 된 회사의 동향, CEO 인터뷰를 통해 찾아낸 향후 비전 등 철저히 준비한 정보를 바탕으로 모든 질문에 자신감 있게 답변했고 그런 부분들이 긍정적으로 평가되어 마침내 최종 합격하는 기쁨을 누릴 수 있었다.

누구나 알 수 있는 정보, 겉으로 보이는 정보들로만 기업을 판단하면 자신이 취업할 수 있는 기업의 범위는 매우 좁아진다. 앞서 이야기한 다양한 경로를 통해 객관적인 기업 정보를 많이 접하면 본인만의 자료가 쌓인다. 이런 자료를 바탕으로 검증된 기업, 본인과 잘 맞는 기업이 어디인지 판단할 수 있는 기준이 만들어진다. 이러한 기준은 입사 지원을 할 때 현명하게 선택할 수 있는 길잡이 역할을 하면서도 효율적인 구직 활동을 가능하게 한다. 정말 취직이 절실하다면 누구나 구할 수 있는 정보를 아는 것에 만족하지 말자. 실제로 발품을 팔아 그 기업에 다니는 사람보다 더 많이 알고 있을 정도로 준비하자. 채용 전형에서 이런 자세를 충분히 드러내면 분명히 긍정적인 평가를 받을 수 있다. 기회는 스스로 만드는 것임을 명심해야 할 것이다.

3

지기 취업 전략

− 나를 이해하라

사장이 평가하는 나

취업할 직장을 탐색한 뒤 입사 전형의 과정에 있는 젊은이들은 '평가'라는 냉혹한 과정에 선다. 이렇듯 평가의 대상이 된 나를 이해하는 것이 기본이다. 기업의 대표나 인사 담당자에게 '나'는 어떻게 보이는가를 알아야만 취업 전쟁의 승자가 될 수 있다.

기업은 지속적인 성장과 이윤을 추구하며 눈앞의 생존을 위한 무한 경쟁을 펼쳐야 하는 가혹한 현장에 서 있다. 현대 사회의 기업 경쟁에서 국경이라는 장벽은 사라진 지 오래다. 이제는 국내를 넘어 외국에서도 경쟁이 벌어진다. 따라서 세계 1위가 되어야 살아남는다. 업종 간의 경계도 없다. 현재 순위도 중요하지 않다. 1등 하던 기업도 방심하는 순간 언제든 나락에 떨어질 수 있다.

이런 기업을 운영하는 사장의 입장이 되어 나를 보자. 사장은 나를 뽑고 싶을까? 그렇다면 왜, 무엇 때문에 뽑고 싶을까? 사장의 입장에서는 네 가지 기준으로 예비 사원을 평가한다.

첫 번째 기준은 '회사의 재목이 될 사람인가?'이다. 회사는 신입사원에게 일단 일을 가르친다. 그리고 이 과정을 거친 후에 그가 지속적으로 성장하며 회사에 이익을 내줄 수 있기를 기대한다. 회사는 이런 잠재력과 업무 능력을 갖춘 사람을 뽑으려 한다.

두 번째 기준은 '믿을 수 있는 사람'이다. 회사에는 유형과 무형의 자산이 있다. 이를 바탕으로 자원을 투입해 사업을 하면서 이익을 낸다. 회사는 직원을 믿고 자산을 맡길 수 있어야 한다. 예를 들어 회사의 기술과 비법을 빼돌려 경쟁사로 유출하는 사람이나 비용을 함부로 써대고 자금을 횡령하거나 유용하는 사람, 회사를 공공연하게 비방하여 명예를 실추시키는 사람은 회사에 큰 위험이 된다. 그래서 회사는 신입사원을 뽑을 때부터 가치관이 올바르고 공사가 분명한 사람을 선호한다.

세 번째 기준은 '회사와 한 배를 탈 사람'이다. 회사가 어렵거나 불가능한 목표에 도전할 때 함께 달리고, 회사가 난파선이 되어 침몰하려고 할 때 함께 남아 물을 퍼낼 수 있는 사람을 원한다.

네 번째 기준은 '갈수록 자신과 조직에 도움이 되는 사람'이다. 즉, 상사가 시키는 일을 남보다 잘하는 사람, 똑같은 일을 하면서 최고의 성과를 내는 사람이다. 또, 비용에 대한 개념이 있어서 같은 결과인데 최소의 비용을 쓰거나 같은 비용을 쓰고도 더 좋은 결과를 내는 사람을 원한다.

이런 시각으로 나를 비춰 보자. 나는 어떤 인물인가? 부족해 보이는 부분은 없는가?

면접 현장에서의 나

우리 회사에서 취업 컨설팅을 받는 학생들 중 유독 면접 전형을 어려워하는 사람들이 있다. 특히 내성적인 성향이 강한 젊은이들은 많은 사람들 앞에서 이야기하는 상황을 어색해하거나 불편함을 느끼는 경우가 많아서 면접장에만 들어서면 지나치게 긴장하는 경향이 있었다. 면접관과 원활한 커뮤니케이션이 힘들다 보니 자신의 성격 자체가 면접에 불리하다고 여기는 학생들도 상당수 있었다. 하지만 내향적, 외향적이라는 것은 사람의 기질을 구분하는 표현일 뿐, 좋고 나쁨을 평가할 수 있는 부분이 결코 아니다. 즉 내성적인 성격 자체가 탈락의 요인은 아니라는 것이다.

타고난 성격이 있다고 해도 겉으로 표현되는 부분은 후천적인 노력으로 충분히 달라질 수 있다는 것을 몸소 보여준 한 여학생의 취업 성공기를 소개하고자 한다. 컴퓨터 공학을 전공한 이 학생은 졸업을 앞두고 IT 개발 직무 쪽으로 꾸준히 입사 지원을 했지만 늘 면접에서 고배를 마셨다. 워낙 수줍음을 타는 성격에다가 많은 사람들과 어울리는 활동을 한 적이 별로 없다 보니, 낯선 사람들 앞에서 본인을 적극적으로 표현하고 평가받아야 하는 면접 상황 자체에 적응하기가 어려웠다고 한다. 준비를 열심히 해 가도 면접장에만 들어서면 몸이 굳어서 입이 잘 떨어지지 않을 뿐더러, 본인이 생각한 답변을 다른 지원자가 먼저 말하기라도 하면 더욱 당황하여 식은땀이 날 정도였다. 매번 힘겹게 면접을 치르지만 합격한 적이 없으니 면접 공포증이 생길 만도 했다.

이 학생이 면접에 합격하기 위해서는 무엇보다 자신감 회복이 시급했다. 컨설턴트는 우선 학생과 역할을 바꾸어 모의 면접을 진행해 보았다. 학생이 면접관의 역할을 해봄으로써 면접관이 특정 질문을 언제 하고, 왜 하는 것인지 그 의도를 이해하게 하기 위해서였다. 평가하는 입장에서 면접을 해본 그녀는 자기 같은 사람은 본인도 안 뽑을 것 같다며 앞으로 지원자로서 면접을 어떻게 준비해야 할지 감이 온다고 했다.

또한 이 학생에게 무엇이 문제라고 생각하는지 물어보니 면접 볼 때의 말하는 태도를 꼽았다. 지나치게 긴장하다 보니 말을 더듬게 되고 두서없이 말하는 경우가 많다고 했다. 객관적으로 확인하기 위해 모의 면접 내용을 녹음하여 같이 들어 봤지만, 실제로는 그렇게 심하게 떨거나 엉뚱하게 말하는 편이 아닌데 스스로 그렇게 느끼는 경향이 있었다. 이는 사실 자신감이 부족하거나 소극적인 사람들이 보이는 공통점이라고 할 수 있다. 보통 사람과 비슷한 긴장 상태로 말하는데도 정작 자신은 엄청나게 떨었다고 생각하는 것이다. 그래서 이렇게 녹음을 해보고 직접 들어보게 하여 본인이 생각하는 것보다 훨씬 괜찮은 수준으로 면접에 임한다는 것을 인식시켜 주었다.

다음으로 중요한 것은 비춰진 내 모습, 비교된 내 모습을 이해하는 것이었다. 이 부분은 면접 스터디에서 다른 사람들과 모의 면접하는 모습을 비디오로 촬영한 뒤, 서로 평가하게 하여 개선하도록 했다. 항상 자신이 면접에서 제일 부족한 모습을 보이는 줄로만 알고 있던 이 학생은 다른 사람들도 적절히 긴장하고 당황하며 자신과 비슷하게 실수한다는 것을 알게 되자, 노력하면 다른 지원자보다 더 잘 할 수 있을 것 같다고 말하며 자신감에 찬 모습을 보였다.

한편, 학생이 혼자 면접 준비를 할 때는 말주변이 없는 본인의 단점을 감추기 위해 면접할 때 묻는 기본적인 질문에 대해 예상지를 만들었다고 한다. 토씨 하나까지 외워서 철저히 준비해 갔지만, 막상 면접장에서는 돌발 상황이 많아 제대로 활용해 본 적이 없다고 했다.

이렇게 준비하는 취업 준비생들이 예상외로 많을 거라고 생각한다. 그러나 외웠던 내용을 제대로 대답하기 위해서는 본인이 생각한 상황과 맞아떨어져야만 가능하다. 면접은 공부한 내용을 확인하는 장소가 아니다. 면접관들은 지원자가 다양한 상황에 어떻게 대처하는지를 훨씬 중요하게 생각한다. 그래서 컨설턴트는 "지금 면접장 분위기가 어떤 것 같습니까?" "본인이 면접관이라면 어떤 질문을 할 것 같아요?" "그렇게 생각하는 이유는 뭔가요?"와 같이 비교적 어렵지 않게 대답할 수 있으면서도 지원자의 마음을 읽어낼 수 있는 질문을 하여 상황에 잘 대처하는 법을 익히게 했다. 지금까지는 질문에 대한 정답을 말하는 데만 신경을 써서 모르는 질문이 나오면 불안해했는데, 자연스럽게 본인의 의견을 표현하는 것부터 연습하니 면접에 임하는 마음가짐이 한결 편안해 보였다.

이 학생 같은 경우는 워낙 성격이 내향적이고 잦은 면접 실패로 위축된 심리 상태에 있었기 때문에 조언한 대로 잘해낼 수 있을지 걱정이 컸다. 하지만 취업하겠다는 열의가 워낙 강했고, 뛰어난 IT 개발자가 되겠다는 목표가 있었기에 비교적 짧은 시간인데도 많은 부분을 노력으로 다듬을 수 있었다. 덕분에 원하던 기업의 면접 전형도 무난히 통과하여 합격할 수 있었고 그간의 과정에 대해 그녀는 이렇게 기억했다.

처음에는 면접만 통과하자는 생각으로 시작한 훈련이었는데, 지나고 나서 돌아보니 면접을 준비하는 과정이 결국 나를 성장하게 하는 시간이었습니다. 사회인이 되니 남에게 비춰진 내 모습, 비교된 내 모습에 대해 인식하고 다듬어 나가는 과정이 사회생활에 큰 도움이 된다는 것을 느낄 수 있었습니다.

현재 면접을 준비하고 있는 구직자가 있다면 요령이나 주의 사항을 외우려고 하기보다는 앞서 이야기한 훈련 내용을 참고하여 본인의 모습을 돌아보자. 취업 면접에 성공하기 위한 전략은 비춰진 자신의 모습을 바르게 인식하고 다듬어 나가는 것부터 시작해야 한다.

4

백전백승 취업 전략 ①

– 셀프 멘토링

완벽한 멘토

2011년 늦가을, 찬바람이 불기 시작할 때 지인이 겪은 일이다. 어느 날 대학 졸업을 앞둔 그의 조카에게 전화가 걸려 왔다고 한다.

"저, 밥 사 주세요."

조카가 단순히 배가 고파 밥을 사 달라는 건 아닐 테고, 무언가 안 풀리는 일이 있어 SOS를 친 것이리라 생각한 그는 약속 장소로 나갔다. 오랜만에 가 본 신촌은 젊은이들로 북적거렸고 식당 안에도 조카 또래의 학생들이 가득했다. 그는 소주를 한 잔 따라 주며 물었다.

"잘 지냈어? 취업 준비로 바쁠 텐데 밥 사 달라는 전화를 다하고⋯⋯. 무슨 고민이라도 있는 거니?"

"아뇨, 고민이 있는 건 아니지만⋯⋯. 여러 가지로 조언을 듣고 싶어서요."

조카가 제멋대로 그를 멘토로 삼았다고 우기는 통에 그는 밤늦도록 붙잡혀 있을 수밖에 없었단다. 다음날 새벽에 출장을 가야 했던 그는 투덜거리며 생각했다고 한다.

'내가 조카에게 좋은 멘토가 될 수 있으려나? 졸지에 멘토가 되었다니 앞으로 계속 성가시겠구나. 그나저나 미리 약속도 안 하고 자기 마음대로 불쑥 찾으면 어떻게 하지?'

멘토(Mentor)는 오디세우스(Odysseus)가 트로이 전쟁에 출전하면서 자신의 아들을 맡겼던 친구의 이름에서 유래됐다. 오디세우스의 벗 멘토는 오디세우스가 돌아오기까지 긴 시간 동안 그 아들에게 친구 같고 아버지 같은 정신적 후원자가 되어 주었다고 한다.

요즘은 많은 사람들이 멘토와 멘티라는 용어에 익숙해졌다. 이정표 없는 길 위에 선 막막함이 느껴질 때, 믿을 만한 누군가에게 자신의 고민을 털어놓고 조언을 구하고 싶어지기 마련이다. 삶의 방향과 구체적인 방법을 찾지 못해 혼란스러울 때, 내가 믿을 만한 멘토의 한 마디가 결정적인 역할을 한다. 누구나 내 옆에 그런 멘토가 있기를 바란다. 그리고 그 멘토가 내가 원하는 시간, 그 장소에 바로 나타나 내 고민을 들어주고 현명한 조언을 해 주기를 바란다. 나는 그 멘토의 말을 수용하기만 하면 되니까 편하다.

그러나 현실적으로 생각해 보자. 앞서 언급한 지인의 조카처럼 주위의 가까운 사람 중에서 멘토를 찾으면 정말 다행이다. 그렇지 않다면 누군가의 책을 읽거나 강연을 듣고 그 사람을 멘토로 생각할 수도 있다. 하지만 어떤 경우라도 내가 원하는 시간에, 내가 해결해야 하는 중요하고 시급한 문제를 해결하는 데 큰 도움을 받기는 어렵다. 지인의 경우만

봐도 그렇다. 아무리 조카라도 갑작스럽게 일정에 끼어드는 것은 곤란하다고 생각한다. 멘토가 언제 어디서나 나타나는 독수리 오형제는 아니지 않은가? 게다가 멘토링이 형식적으로 되어 버리면 멘토가 누구에게나 통용되는 말 밖에는 해 줄 수 없다는 한계가 있다. 들어보면 다 아는 얘기다. 어떻게 하면 잘할 수 있다는 노하우가 넘쳐난다.

"똑같은 말 좀 그만 하세요. 다 압니다. 그런데 왜 나는 안 되는 거죠?"

문제는 여기에 있다. '잘 되는 법' '노하우' 등의 성공 비법을 그대로 따라 하더라도 안 되는 경우가 많다는 것이다. 그것은 개인의 특성이나 상황, 환경 등이 다르기 때문이다. 진정한 멘토는 특수한 환경에 놓인 개인의 고유한 특성과 상황에 따라 적절하게 조언해 줄 수 있어야 한다. 그러려면 멘토는 멘티인 나에 대해 속속들이 잘 알고 있어야 한다. 나에게는 이런 완벽한 멘토가 있는가? 그분이 늘 내 옆에 있어 필요할 때 언제라도 조언을 구할 수 있는가? 부모님을 멘토로 삼았다 하더라도 24시간 내 옆에 묶어 둘 수는 없는 노릇이다.

셀프 멘토링 훈련

결국 나를 가장 잘 알고, 나와 항상 함께 있는 유일한 존재는 바로 '나'다. '나'야말로 완벽한 멘토가 될 수 있는 요건을 갖추고 있다. 이렇게 내가 또 다른 나를 객관화하여 자문자답하며 문제를 해결하는 것을 '셀프 멘토링'이라 한다. 그런데 '나'는 객관화된 '또 다른 나'와 수준이 비슷하다. 생각의 폭도, 경험도 똑같다. 그런 내가 어떻게 '또 다른 나'를 멘토링할 수 있을까? 그래서 훈련이 필요하다.

자문자답 셀프 멘토링에는 세 가지 방법이 있다. 가장 먼저 해야 할 것은 '나를 객관화하기'다. 나를 객관화하는 것은 생각보다 어렵지 않다. 하지만 막상 객관화 작업을 해보기 전에는 누구나 자신의 모습을 남의 모습처럼 봐야 한다고 생각하지 못하기 마련이다.

다음은 내 모습을 볼 때, '나눠서' 보는 것이다. 예를 들면 내 성격, 경제력, 시간, 장단점 등으로 항목을 나누어서 자문자답한다. 한꺼번에 나를 파악하기는 어렵다. 하지만 이렇게 항목별로 나눠서 차근차근 들여다보면 내 모습을 자세히 볼 수 있다.

내가 진행하는 멘토링 프로그램 '물고기 잡는 법'에서는 '나는 누구인가?'를 주제로 자아 성찰의 시간을 갖게 하고 그 내용을 발표하도록 한다. 이 시간에 나와 거리를 두고 나 자신을 돌아보며 냉정하게 분석한다. 나를 돌아볼 때에는 시간과 관계, 특성의 관점으로 나누어서 본다. 시간의 흐름을 따라 '과거의 나, 현재의 나, 미래의 나'에 대해 생각한다. 가족, 친구, 학교, 모임, 지역, 국가 등 공동체와 관계 속에서 내 모습이 어떠한지도 알아본다. 그리고 가치관, 성격, 취미, 장단점, 습관, 특기 등 나의 특성들을 중심으로 내 모습을 찾아보기도 한다. 이 작업을 하면 내가 생각하는 내 모습과 다른 사람에게 비춰진 내 모습을 볼 수 있다.

마지막으로 목표에 이르는 길에 단계를 설정한다. 꿈은 누구나 꿀 수 있고, 목표도 누구나 세울 수 있다. 아무도 그것을 막지 못한다. 하지만 꿈을 현실로 만들려면, 목표에 도달하려면 과정에 단계의 사다리를 놓아야 한다.

'나'와 거리 두기

대기업에 취업하겠다는 목표를 세웠다고 하자. 그러면 이렇게 자문하면서 셀프 멘토링을 할 수 있을 것이다.

Q : 나는 왜 꼭 대기업에 취업하려고 하지?

A : 외국에 나가서 당당하게 꿈을 펼치고 싶어서 그래.

Q : 이 꿈을 이루기 위해서는 대기업이 적합한가?

A : 글쎄, 내 주위에서 대기업에 다니는 사람 중에 외국에 나가서 성공한 사람이 얼마나 될까? 별로 없는 것 같아.

Q : 그러면 어떤 회사로 가야 그 꿈을 이룰 수 있을까?

A : 수출이 주력인 중소기업으로 가면 가능성이 높지 않을까?

Q : 수출이 주력인 중소기업이 원하는 직원은 어떤 사람일까?

A : 어학, 도전 정신, 개척 정신 등을 가진 사람 아닐까?

Q : 회사를 대표해서 외국에 나가려면 내가 갖춰야 하는 건 뭘까?

이런 과정을 통해서 내가 이미 갖추고 있는 것에 대한 리스트와 내게 없는 것에 대한 리스트, 노력해도 갖추기 어려운 것에 대한 리스트, 나만의 세일즈 포인트 등을 정리한다. 그리고 다시 자문한다.

Q : 그것만 갖추면 될까? 요즘 취업이 잘 안 돼서 작년보다 더 괜찮은 사람들이 지원할 수 있어. 그렇다면 앞으로 남은 5개월 동안 내가 할 수 있는 일은 무엇일까?

A : 가고 싶은 회사의 수출 현황에 대해 파악하고 문제점과 개선 방안을 연구해서 분석 보고서를 써 보자.

Q : 좋아. 그러면 그 일을 어떻게 할 수 있을까?

A : 회사 홈페이지에 들어가서 검색해 보고, 그 회사에 다니는 선배나 아는 사람이 있으면 찾아서 물어보자. 아니면 점심시간에 그 회사 근처에 가서 직원을 붙잡고 알 수 있는 방법을 물어보자.

Q : 그런데 내가 쓴 분석 보고서가 잘 되었는지 아닌지 어떻게 평가하지?

이런 식으로 질문하고 답하기를 반복하다 보면 남에게 묻지 않아도 내 문제를 해결할 수 있다. 세상은 늘 바뀌고 '나'도 변화한다. 나 자신과 거리 두기에 성공해서 객관화할 수만 있다면 나보다 나를 더 잘 아는 사람도 없다. 늘 나의 일거수일투족을 누군가와 상의할 수도 없고, 아무리 좋은 지침서라도 모든 상황에 다 능통하지는 않다. 나와 가장 가까이에, 그리고 늘 함께 있는 사람이 바로 '나'다. 자문자답 셀프 멘토링을 통해 나를 냉정하게 평가하고, 목표에 도달하는 계단을 만들어 놓으면 목표를 향해 가는 '구체적인 행동'을 할 수 있다. 이것이 바로 '물고기 잡는 법'이다.

5

백전백승 취업 전략 ②

− 나만의 세일즈 포인트 만들기

나에 대해 알기 위해서 구체적으로 노력하면 적성 검사 결과, 주변의 평가, 자문자답으로 얻은 자기 분석, 인턴이나 아르바이트를 하면서 검증한 결과 등을 얻을 수 있다. 앞에서 이 각각의 과정들에 대해 자세히 알아보았다. 이제 이런 결과들을 세심하게 챙기면서 나의 장단점 리스트를 정리해 보자. 이것은 내 세일즈 포인트를 잡기 위한 과정이다.

세일즈 포인트는 나의 장점 중에서 회사가 원하는 것을 강점으로 만든 것이다. 취업이라는 관문에서 내가 만족시켜야 하는 고객은 채용권자다. 이 고객의 관점에서 볼 때, 다른 사람들과는 확실히 다른 '나만의 매력'을 만들어야 한다. 강점 중의 강점, 특장점을 드러내서 채용권자가 어떠한 경우라도 합격시킬 수밖에 없는 최고의 모습으로 승부하자.

강점으로 기회를 잡다

해마다 노동부에서는 장애인 취업 박람회를 개최한다. 보통 그런 박람회에 나가려면 실적이 있어야 한다. 하지만 우리 회사는 실적이 없었는데도 초청받을 수 있었다. 담당 직원인 K의 강점 덕분이었다. 우리 같은 중소기업에서 일하는 직원에게는 노동부나 대기업 같은 중요한 고객의 '스팟 오더(Spot Order)'에 순발력 있게 '즉시 대응'하는 능력이 필수적이다. 중요한 고객은 우리에게만 그런 오더를 주는 게 아니므로 오더가 왔을 때 빨리 대응하여 내 것으로 만들지 않으면 기회를 놓칠 수밖에 없다. 우리 회사 담당 직원 K는 바로 그런 순발력이 강점이었다.

K가 우리 회사에 입사할 때 그의 세일즈 포인트는 순발력이었다. 면접할 때 그는 자신이 상황 파악과 대응력이 빠르다는 것을 적극적으로 알렸다. 그 결과 K는 즉시 대응력이 생명인 그 부서에 배치됐다. 결과는 성공이었다. 사장 입장에서는 회사를 홍보할 수 있는 좋은 기회를 잡은 직원 K가 믿음직스러웠다. 다음에 그 부서에 팀장이 필요하다면 아마도 K가 1순위가 될 것이다.

절대적 비교 우위를 창출하라

세일즈 포인트(Sales Point)란 그것이 품질이든, 가격이든, A/S든 다른 제품이나 서비스보다 뛰어난 점이다. 고객들은 뭔가 하나라도 좋은 점이 있어야 그 제품을 선택할 것이다. 입사 지원자에게 세일즈 포인트란 내가 이 회사에 근무해야 하는 이유로, 다른 사람보다 뛰어난 점이다.

즉 우위를 차지하는 지점이라고 보면 된다. 거의 모든 면에서 남과 비교할 수 없을 정도로 월등히 뛰어나다면 그는 '절대적 우위'에 있는 인물이라고 보면 된다. 취업 현장에서 절대적 우위에 선 사람들은 이미 졸업 전에 스카우트 제의를 받았을 것이다. 당신이 그 경우에 해당하지 않는다고 실망하지 말자. '절대적 비교 우위'에 설 준비를 하면 된다. '절대적 우위'와 '절대적 비교 우위'는 서로 다르다. 어떤 특정한 분야에서만큼은 남보다 뛰어난 것을 절대적 비교 우위라 할 수 있다. 절대적 비교 우위를 만들려면 성공 사례를 만든 경험과 많은 노력으로 자타가 인정할 수 있는 탁월함을 지녀야 하는데, 이 과정이 쉽지는 않다.

나의 세일즈 포인트가 정해졌다면 그것을 증명할 수 있는 성공 사례를 찾거나 만들자. 내가 살아온 경험 속에서 그런 사례를 찾아보고, 없다면 큰 것이 아니어도 작은 성공 사례를 만들면 된다.

대학에서 사회과학을 공부하던 한 젊은이가 있었다. 그는 전공에는 큰 흥미를 느끼지 못했다. 그 대신 노트와 수첩, 파일, 바인더 등의 문구와 사무용품을 수집하는 것을 매우 좋아했다. 전공이나 취업과는 전혀 관련이 없어 보이는 그의 독특한 취향과 수집벽은 삶에 있어 그다지 큰 도움이 되지 않을 듯했다. 하지만 그는 정열적으로 그것에 매달렸다. 문구나 사무용품이 새로 출시될 때면 개발사들이 고객 평가단을 모집하곤 했는데 그는 여기에 빠지지 않고 참여했다. 그리고 새로운 문구 제품을 발견하면 꼭 사서 써 봐야만 직성이 풀렸다. 그리고 자기만의 블로그를 만들어 제품 사용 경험, 장단점, 가격에 대한 생각, 개선 방향 등을 정리해서 올렸다. 그러기를 2년 정도 했을 때 그 블로그는 여러 사람의 입소문을 타며 알려지기 시작했다.

졸업 무렵 이 젊은이는 자신이 가장 좋아하는 분야에 입사 지원을 했다. 규모가 큰 문구 회사의 개발직에 지원한 것이다. 하지만 디자인을 전공하지 않았고 다른 사람이 중요하게 여기는 개발 분야의 특기도 없었으므로 서류 전형 통과조차 어려울 것이라 생각해서 큰 기대를 하지 않았다. 그런데 뜻밖에도 면접을 보러 오라는 통보를 받았다. 면접을 보러 갔을 때 그는 신기한 경험을 했다. 그 자리에 있는 면접관들이 도두 그의 블로그와 그에 대해 자세히 알고 있었던 것이다. 그는 자기도 모르는 사이에 문구와 사무용품에 관해 광범위한 현장 지식을 갖춘 사람으로 절대적 비교 우위를 갖추고 있었던 것이다. 이 젊은이는 지금 자신이 원했던 직장에서 유능한 문구 개발자로 열심히 일하고 있다.

사소하더라도 자신이 좋아하는 분야에서 수상 실적이 있는 것 또한 바람직하다. 그러면 "저 사람은 이런 분야에서 뛰어난 사람이다"라는 객관적인 평가를 받는 셈이다. 한두 개라도 좋으니 받을 만한 상이 있는지 고려해 보는 것이 좋다.

남들이 하지 않은 특이한 경험을 통해 나의 세일즈 포인트를 부각시키는 것도 효과적인 방법이다. 도전 정신, 개척 정신을 세일즈 포인트로 삼았다면 오지 탐험 등 다른 사람들이 쉽게 하지 않는 경험을 갖는 것도 좋다. 하지만 그것이 꼭 돈을 많이 들여 외국에 가야 하는 것은 아니다. 도전 정신을 강조하기 위해서 기네스북에 오를 만한 기상천외한 도전을 하는 것도 가능하다. 세계적인 경영 컨설턴트 톰 피터스는 자신의 책에 "방금 아주 괜찮은 신입사원을 뽑았는데, 그는 세계에서 가장 큰 쿠기를 만든 사람이다"라고 소개하기도 했다.

하지만 주의해야 할 점이 있다. 나만의 세일즈 포인트를 위해 다른 사람들과 전혀 다른 삶을 살 필요는 없다. 사회는 생각보다 보수적이다. 깊은 바다의 80%는 고요하다. 파도는 20%의 수면에서 친다. 다른 사람들과 같은 삶을 살면서 이런 특장점이 더해져야 안정감 있게 받아들여질 수 있음을 명심하자.

절대적 비교 우위로 성공한 사람의 예를 보여 주겠다. 내가 잘 아는 사람 중에 보험설계사가 한 명 있다. 그는 전 직장에서 생산직 사원이었는데 조용한 성격을 가진 말주변이 없는 사람이었다. 그런 그가 어느 날 회사를 그만두고 보험 영업을 시작했다. 그의 성격을 아는 나는 그가 과연 보험 영업을 할 수 있을지 걱정스러웠다. 하지만 그것은 기우였다. 그는 지금 생산직 사원이었을 때와 비교도 되지 않는 연봉을 받는다고 했다.

"말재주가 부족한 사람이 보험 영업을 그렇게 잘하는 비법이 뭡니까?"

"사람들이 사고만 나면 저를 찾아요. 저는 사고 났을 때 찾는 보험설계사지요."

알고 보니 그 사람의 세일즈 포인트는 '고객에게 사고가 났을 때 최선을 다하기'였다.

"저처럼 숫기없는 사람이 낯선 사람들을 찾아다니면서 보험 계약을 따내는 일은 쉽지 않았습니다. 그래서 일단 내 고객이 사고를 당하면 다른 일을 포기하고서라도 사고를 수습하고 보상을 받을 수 있도록 적극적으로 도와야겠다고 생각했습니다."

처음에는 자기 고객만 도와줬는데 소문이 나서 다른 보험에 든 사람들까지 그에게 도움을 요청했다고 한다. 그렇게 한 번 인연을 맺은 사람들은 다른 보험의 계약 기간이 끝나면 자연스럽게 이 설계사의 고객이 됐다. 이제는 찾아오는 고객을 관리하는 것만으로도 시간이 없다며 즐겁게 웃는 그를 보며 나는 세일즈 포인트의 중요성에 대해 다시 한 번 실감했다.

6
백전백승 취업 전략 ③
– 나만의 경험으로 가능성을 보여라

　절대적 비교 우위를 가질 수 있는 나만의 세일즈 포인트가 준비되었다면, 다음 단계는 이력서와 자기소개서를 준비할 때다. 이력서와 자기소개서의 독자는 지원하는 회사의 인사 담당자다. 내 입장에서는 유일한 입사 지원서지만, 그 회사의 인사 담당자에게는 수북하게 쌓인 서류 더미 속에 묻힌 한 장의 문서에 불과할 수 있다. 그렇다면 내 이력서의 독자를 위해 내가 할 수 있는 최선의 일은 무엇일까? 독자가 나에 대해 알고 싶어 하는 내용을 정확하고 효과적으로 보여 주는 것이다.

　회사는 내가 과거의 경험을 통해 현재 어떤 사람으로 성장했는지, 그리고 앞으로 어떤 역할을 해서 회사에 도움을 줄 것인지에 대해 궁금해한다. 여기에서 힌트를 얻을 수 있어야 한다. 이력서와 자기소개서를 쓸 때는 수많은 나의 역사 중에서 '미래의 가능성을 보여 줄 과거의 경험 이야기'를 뽑아서 메시지 중심으로 쓰는 것이 가장 효과적이다.

내 인생의 조각가

원석을 조각할 때 황삭 가공, 정삭 가공, 포인트 가공의 3단계를 거친다. 이것을 우리 인생을 조각하는 과정에 빗대어 볼 수 있다. 첫 번째 황삭 가공 단계에서는 대략적인 형태를 만든다. 태어나서부터 학창 시절까지는 대략적인 모양새가 만들어진다. 이때는 나 자신보다 부모님이나 교육의 역할이 컸다. 가정교육이나 학교 교육으로 나의 대략적인 형체가 만들어진다.

두 번째 정삭 가공 단계에서는 대략적으로 다듬어진 형체를 정교하게 다듬어서 가공한다. 이 단계에서는 내가 나를 사회에서 필요로 하는 사람으로 만들어 가야 한다. 그 역할은 부모님이나 학교의 것이 아니라 나의 것이다. 내가 바로 나를 조각해 가는 조각가다.

마지막으로 나의 개성을 살리는 포인트를 주는 화장술 단계다. 그런데 많은 취업 관련서들이 황삭 가공 상태에서 화장하는 법을 알려 주고 있다. 취업을 앞둔 나에게 필요한 것은 황삭 가공 상태를 가리는 화장술이 아닌 정삭 가공이다. 정삭 가공으로 사회에서 원하는 나를 만든 다음에 나에게 맞는 화장을 내가 직접 해야 효과가 있다. 세상에서 나를 가장 잘 아는 사람이 나이기 때문이다.

회사가 궁금해하는 나

"중국집에서 홀 서빙 아르바이트, 2010년 6월 ~ 2010년 8월"
이력서에 아르바이트 경험을 쓰라는 말을 들은 취업 준비생 S는 지금까지 한 아르바이트를 다 적었다. 다양한 경험을 했다는 좋은 평가를 받을 것 같았기 때문이다. 예전 다이어리까지 뒤져 가며 있는 대로 다 적어서 이력서 앞뒤를 꽉 채웠는데, 결과는 서류 전형 탈락이었다. S가 탈락한 이유는 무엇일까? S는 독자의 요구를 전혀 파악하지 못했다.

회사가 나에게 궁금한 이야기는 그 일을 경험하면서 어떤 구체적인 사건을 통해 무엇을 배웠느냐는 것이다. 그리고 그 배움이 나를 어떤 사람으로 만들었느냐가 포인트다. 회사가 알고 싶은 내용을 정리하면 이렇다.

① 왜 그것을 하게 되었는가?
② 하면서 어떤 어려움과 특이 사항이 있었나?
③ 그것을 어떻게 극복했나?
④ 그 과정에서 무엇을 배웠나?
⑤ 이 일을 통해 무엇을 할 수 있는 사람이 되었나?

모든 내용을 다 이렇게 쓸 수는 없다. 따라서 나의 세일즈 포인트에 맞추어 한두 가지 사례를 골라 이렇게 쓰는 것이 효과적이다. 이제 S의 자기소개서를 다시 써 보자. S의 세일즈 포인트는 '무한 인화'다. 중국집 홀 서빙은 사람을 가려 사귀던 S가 적극적으로 인화하는 사람으로 변하게 한 중요한 계기를 마련해 주었다.

저는 싫어하는 사람과는 눈도 맞추려 하지 않을 정도로 사람을 가리는 성격이었습니다. 그러다 보니 제 영역이 점점 좁아졌습니다. 그래서 저는 다양한 사람들과 함께 어울릴 수 있는 성격으로 저를 바꾸는 일에 도전했습니다. 중국집 홀 서빙은 저에게 큰 용기가 필요한 도전이었습니다.

어느 날, 중국집에 한 가족이 식사를 하러 왔습니다. 제가 주문한 음식을 서빙하다가 그만 짬뽕 국물이 튀어서 그 집 딸의 옷에 얼룩이 생겼습니다. 그 딸은 저보다 어려 보였는데 저에게 반말을 하면서 마구 화를 냈습니다. 저는 죄송하다고 고개를 숙여 사과했지만, 어린애가 반말로 세탁비를 내놓으라고 할 때는 참을 수 없이 화가 났습니다. 당장에라도 세탁비를 얼굴에 집어던지고 중국집을 뛰쳐나오고 싶었습니다.

예전의 저라면 같이 반말을 하며 싸웠을 것입니다. 하지만 저는 반응을 바꾸기로 했습니다. 얼른 지갑에서 세탁비 5,000원을 꺼내서 딸에게 건네주고 존댓말로 죄송하다고 말하며 고개를 깊이 숙였습니다. 눈물이 쏟아질 것 같았지만 참았습니다. 그 모습을 본 그 딸의 어머니가 제 어깨를 다독이며 괜찮다고 말씀해 주셨습니다. 그리고 딸의 손에서 세탁비 5,000원을 빼앗아 돌려주셨습니다.

저는 이 일을 통해 아무리 참기 어려운 상황이 와도 내가 반응을 바꾸면 좋은 결과를 만들 수 있다는 것을 배웠습니다. 성격을 바꾸기 위해 도전한 중국집 홀 서빙은 세상에는 다양한 사람이 존재하며, 그 사람들을 대하는 나의 반응에 따라 인간관계가 달라질 수 있다는 것을 알게 해 주었습니다. 그 후 저는 사람을 가려 사귀던 습관을 버리고 누구에게든 마음의 문을 열고 적극적으로 다가가는 사람이 되었습니다.

지금도 늦지 않았다

지금까지 살아오면서 이런 경험담 하나쯤은 누구나 갖고 있을 것이다. 하지만 특별한 사례가 잘 생각나지 않아서 생생하게 쓰기 어렵다고 해도 걱정할 필요는 없다. 쓸 내용이 없으면 지금부터 만들면 된다. 세일즈 포인트를 잡았다면 그것을 보여 줄 수 있는 이야깃거리를 만들자. 예를 들어, 도전 정신을 보여주고 싶다면 지리산 종주나 번지 점프 등 평소 어려워하던 일에 도전해서 성공한 후 그 이야기를 써 보면 된다.

도전 정신을 보여 준다고 해서 반드시 어렵고 힘든 도전을 해야 하는 것은 아니다. 표정 바꾸기 도전도 훌륭한 사례가 된다. 한 교육생은 표정이 어두워서 늘 면접에서 떨어지곤 했다. 그의 입꼬리는 축 처진 모양이어서 가만히 있으면 우울해 보였다. 그는 수술을 해서라도 표정을 바꾸고 싶어 했지만, 얼굴에 칼을 대는 일은 위험해 보였고 수술비를 마련하기도 어려운 형편이었다. 그러던 그가 어느 날부터인가 인상이 달라졌다. 예전보다 훨씬 밝고 여유가 있어 보였다. 수술했느냐고 물었더니 그는 웃으며 고개를 저었다.

"아닙니다. 멘토님께서 알려주신 입꼬리 올리는 훈련에 도전해서 성공했습니다. 혼자 있을 때도 항상 면접관이 보고 있다고 생각하면서 입꼬리를 올리고 웃는 연습을 하라고 하셨죠? 그래서 컴퓨터 앞에 달린 카메라 앞에서 꾸준히 연습했고, 제 모습을 찍어 매일 변화하는 모습을 보면서 결국 이렇게 성공했습니다."

그는 입꼬리 올리는 훈련에 도전했기 때문에 억지로라도 입꼬리가 내려가지 않도록 표정을 잡고 있었다고 했다. 그러다 보니 자기 모습이 바꿔었고, 카메라에 찍힌 모습이 바뀌니까 마음도 편해졌다는 것이다. 그는 마음이 밝아지니 세상을 보는 눈이 바뀌었다며 취업에도 긍정적인 자신감을 보였다. 얼마 후 그는 입사 지원을 하면서 자기소개서에 이 도전 이야기를 썼다. 그리고 자신의 말대로 입사에 성공을 거두었다.

7

백전백승 취업 전략 ④

– 평판에 민감해져라

당신의 평판은 어떻습니까

다음은 내가 면접할 때 자주 던지는 질문과 학생의 대답이다.

"친구들은 당신에 대해 어떻게 이야기합니까?"

"여러 친구들로부터 믿음직스럽다는 평을 듣습니다."

"평소 친구들에게 어떻게 하기에 그렇게 좋은 평을 듣습니까?"

"동아리 친구들과 행사를 할 때 제가 맡은 일은 한 번도 소홀히 한 적이 없고, 다른 친구들이 도와달라고 하면 잘 해결해 주는 편입니다."

"당신을 그렇게 평하는 친구 세 명의 이름과 전화번호를 이 자리에서 적어 줄 수 있습니까?"

이런 주문을 받고 선뜻 펜을 꺼낼 수 있다면 그 사람은 믿을 만한 사람이다. 하지만 주저하면서 핑곗거리를 찾고 있다면 그 사람은 과장된 말이나 거짓말을 했을 가능성이 있다. 사회에서 나와 함께 일하는 사람이 믿을 만한 사람인지 아닌지는 몹시 중요한 일이다. 적당히 놀다가 헤어질 시간이 되면 떠나는 사이가 아니라 함께 일하는 관계이기 때문이다. 그것이 회사가 직원을 뽑을 때 평판을 확인하는 이유다.

평판이 나를 말한다

미국에서는 직원을 뽑을 때 평판 조회가 일반적이다. 평판은 평을 받아서 판단된 사항이다. 우리나라는 아직까지 경력 사원을 뽑을 때만 평판 조회를 한다. 하지만 앞으로 평판 조회는 점점 더 일반화되어 신입사원 입사 전형에까지 확대되리라 생각한다. 이런 경향은 이미 시작됐다. 본격적인 평판 조회라고 볼 수는 없지만, 일부 기업에서는 입사 지원자에게 자신의 트위터나 페이스북 등의 SNS 계정과 블로그나 미니홈피 등을 써넣게 하고 이를 통해 지원자의 평소 가치관, 관심사, 인적 네트워크 등을 파악하고 있다.

그러므로 취업 준비생들은 타인에게 보이는 내 모습에 대해 민감하게 생각하고, 이를 다듬어 갈 필요가 있다. 당신은 가까운 사람들이 모여 있는 학교나 동아리, 또래 집단 등에서 어떤 평을 받고 있는가? 나에 대한 평판을 들어 보면 내가 속한 사회에서 그동안 내가 어떻게 지내 왔는지 적나라하게 드러난다. 그리고 내가 어떻게 하느냐에 따라 내가 속한 사회의 평판까지 결정된다. 예의가 없는 사람들은 자기 혼자만 욕을 먹는 데서 끝나지 않고 자신의 부모까지 불명예스럽게 만들곤 한다.

어떤 사람들은 이런 평판에 대해 거부감을 가진다. 평판에 신경 쓰지 않고 내 마음대로 자유롭게 살겠다는 사람들도 있다. 이런 사람들은 고립된 개인주의자다. 그러나 어떤 사람도 공동체를 이루지 않고 100% 개인의 삶을 살 수는 없다. 이상적인 개인주의는 공동체와의 조화를 추구한다.

학생 때까지는 평판에 신경 쓰지 않고 살아갈 수 있을지도 모른다. 학교라는 사회는 이해관계가 크게 개입하지 않기 때문에 구속력도 없다. 크게 피해를 주지 않는다면 서로의 모습을 인정할 수 있다.

하지만 사회생활은 다르다. 특히 회사는 구속력이 크다. 자기 할 일을 제대로 안 하고 회사나 동료에게 피해를 주는 사람이라면 인사 고과를 받을 때 낮은 점수를 받을 것이고 심하면 해고를 당할 수도 있다. 회사에 피해를 줘 해고당했다는 평판이 있는 사람을 고용할 회사는 많지 않다. 그런 사람은 몇 번 직장을 옮겨 다니다가 업계에 나쁜 소문이 돌면 더는 그 계통에서 직장 생활을 못하게 될 가능성이 높다.

내일의 나, 어제 더하기 오늘

오늘의 내 평판은 어제까지 살아온 총체적 결과다. 그대로 인정할 수밖에 없다. 지나간 시간은 바꿀 수도 없고, 지울 수도 없다. 하지만 나에게는 오늘이 있다. 오늘 내가 어떻게 살아가느냐에 따라 내일은 달라진다. 그래서 오늘은 나에 대한 평판을 바꾸거나 더 좋게 할 수 있는 마법의 시간이다. 그러나 한 번 지나면 다시 오지 않는 시간이기도 하다.

우리는 평판에 민감할 필요가 있다. 그 평판의 기준은 제 4장에 자세히 소개되어 있다. '인성과 능력을 갖춘, 사회가 원하는 인재'라는 평판이 주변에 넘쳐나게 하자. 이렇게 노력하다 보면 얼마 가지 않아 그런 평을 듣고 있는 자신을 발견할 수 있을 것이다.

취업에 성공했을 때 좋은 평판을 들을 수 있는 노하우가 있다. 일단 입사 후 1년은 회사에 적응하는 시간이다. 불만거리가 있어도 말하지 말자. 대신에 불만거리와 개선할 점 서른 가지를 메모해 두었다가 1년 뒤에 다시 보자. 그때도 계속 불만이 있거나 개선해야 한다는 생각이 들면 그때는 바로 내 위의 상사보다는 더 위의 상사에게 말하자. 말하되 정중하게 말해야 한다. 하지만 1년이 지난 후에 수첩에 적힌 리스트를 보면 지워야 할 것이 많을 것이다. 내 눈에 이상하게 보인다 해도 회사가 그 점을 개선하지 않고 유지하는 것은 나름대로 장점이 있기 때문이다. 새롭게 들어간 사회에 대해 알지도 못하면서 이러쿵저러쿵 평가하지 말자.

또한 회사에서는 지나치게 솔직하면 안 된다. 일하기 싫다고 그것을 솔직하게 말하면 회사 분위기가 흐트러진다. 사장의 솔직함은 직원들에게 월급을 적게 주면서 회사 이익을 많이 내는 것이고, 직원의 솔직함은 일은 조금하고 월급은 많이 받는 것이다. 이런 속내가 그대로 표현되면 신뢰가 깨진다. 사회인이라면 솔직함보다는 상대를 배려하는 마음이 커야 한다. 자기 통제와 자기 절제가 가능해야 한다.

8

백전백승 취업 전략 ⑤
– 면접의 기술

'나'를 표현하라

"졸업한 지 시간이 좀 지났는데 왜 취업하지 않았죠?"

우리 회사 입사 면접을 할 때였다. 내가 응시자의 눈을 보며 묻자, 그는 다소 신경질적으로 대답했다. 상황은 이랬다.

> "솔직히 말씀드리면 저는 가정환경이 어려워서 공부방도 따로 없었습니다. 공부에 몰두할 수가 없어서 좋은 대학에 가지도 못했고, 아르바이트하면서 학교에 다니느라고 학점도 좋지 못했습니다. 그래서……."
>
> "그랬군요. 그러면 당신의 취미는 무엇입니까?"
>
> "등산입니다."
>
> "일본 지진 문제가 심각합니다. 앞으로 우리나라는 어떻게 지진에 대비해야 한다고 생각하십니까?"

"아, 그게……. 지진보다는 원전이 더 문제라고 생각합니다."

"만약에 당신이 면접관이라면 당신을 합격시킬 것 같습니까?"

"글쎄요."

짧고 어색한 면접은 이렇게 끝이 났다. 나는 교육생들과 직접 이야기할 기회가 있을 때마다 이 면접 이야기를 꼭 들려준다. 그리고 내가 그에게 어떤 결과를 주었을지 예측하게 한다. 대부분의 교육생들이 이 지원자가 불합격했을 거라고 예상했다. 맞다. 나는 그 지원자를 떨어뜨렸다. 그리고 불합격의 이유를 구체적으로 지적해 보라고 하자 다양한 답변이 나왔다.

"변명하는 건 좋지 않은 인상을 줄 것 같아요."

"너무 단답형으로 대답했네요. 좀 길게 말했으면 좋았을걸."

"물어보는 문제에 대해 답을 안 하고 다른 이야기를 했어요."

"의견을 물었는데 자기 의견을 정확하게 말하지 않았어요."

모두 다 맞는 말이다. 하지만 그 모든 것을 꿰뚫는 한 가지가 부족했다. 그것은 바로 '나'이다. 내가 그 응시자를 불합격시킨 이유는 바로 그에게서 어떤 상황에서도 문제를 해결할 수 있는 키워드인 '나'를 보지 못했기 때문이다.

나는 그 중요성에 대해 이렇게 이야기했다.

면접 때 대답을 들어 보면 지원자들이 자기 자신을 잘 모르는 경우가 많죠. 취업 못한 이유를 물으면 환경이나 상대 회사의 탓을 해요. 그럴 수 있죠. 어려운 이유, 하지 못할 이유를 찾으려 하면 셀 수도 없이 많을 겁니다. 그런데 취업하지 못한 이유를 자신의 외부에서 찾으면 해결 방법이 없어요. 내 운명을 '다른 것'의 손에 맡길 수밖에 없으니까요. 그런데 그 원인을 '나 자신'에게서 발견하면 그건 내가 조절할 수 있지요.

집안 환경이 어려워서 공부방이 없으면 공부를 포기하는 게 최선일까요? 어디에서든 공부할 수 있는 체질로 자신을 바꿀 수는 없었을까요? 진짜 공부를 하고 싶었다면, 해야 한다고 생각했다면, '행동'이 달라졌을 겁니다. 전철, 도서관, 가로등 밑 어디에서라도 공부할 수 있습니다. 물론 힘들겠지요. 아르바이트하면서 공부해야 했으니 쉽지는 않았을 겁니다. 하지만 그 지원자는 공부할 수 없는 이유가 아니라 공부할 수 있는 방법을 찾았어야 합니다. 학점이 좋지 않더라도 아르바이트한 경험을 자기 것으로 살려 좋은 인재라는 평가를 받을 수도 있었습니다. 하지만 원인을 '나'에게서 찾지 않았기 때문에 계속 원망만 하고 있었던 겁니다. 그러니 좋은 점수를 받기 어려웠던 겁니다.

그러면 어떻게 대답했어야 할까요? 예를 들면, 이렇습니다. '취업을 못한 것은 '저' 때문이었습니다. 제가 오랫동안 환경을 탓하고, 저에게 우호적이지 않은 사회를 탓하는 마음을 갖고 있었습니다. 하지만 이 모든 것이 '저'의 그런 마음 때문이라는 걸 알게 되었습니다. 그래서 다시 용기를 내어 늦었지만 입사 시험에 도전했습니다. 저에게 기회를 주신다면 감사하는 마음으로 지난 시간의 몫까지 최선을 다해 열심히 일하겠습니다.'

취미에 대한 대답도 마찬가지입니다. 이 지원자는 '등산입니다'라고 짧게 답했는데 이렇게 단답형으로 대답하는 것은 질문한 사람과 더는 이야기하고 싶지 않다는 의미로 들릴 위험성이 있죠. 커뮤니케이션 의지가 없는 겁니다. 이렇게 대답하면 어떨까요? '여러 가지가 있지만 그 중에서도 등산을 제일 좋아합니다. 그래서 틈나는 대로 도봉산, 북한산, 남산, 관악산에 다녔습니다. 아르바이트하느라 지리산, 설악산, 한라산 같은 명산을 가보지 못해 아쉽지만, 서울에 있는 산도 오를 만하다고 생각합니다. 특히 이번 면접을 준비할 때, 북한산 인수봉에 올라 재도전의 의지를 다졌습니다.'

내가 그 지원자를 불합격시킨 또 다른 중요한 이유는 커뮤니케이션의 ABC를 모르기 때문이었죠. 지진에 대한 생각을 물었는데 원전 이야기로 전환하면 이것은 제대로 된 커뮤니케이션이 아니에요. 만약에 내가 묻는 것에 대해 아는 바가 없다면 '모르겠다'고 솔직히 말하는 게 옳아요. 커뮤니케이션은 소통입니다. 조직에서 소통이 원활한 것은 우리 몸에서 피가 도는 것과 같습니다. 그런데 소통이 되지 않는 사람을 직원으로 채용할 수는 없겠지요.

하나의 사례를 통해 취업 준비생들이 면접에서 흔히 범하는 실수에 대해 알아보았다. 그렇다면 좋은 면접이란 어떤 것일까? 간단히 말하자면 나를 잘 표현하는 것이다. 구체적으로는 사회가 원하는 매력 있는 인재상으로서의 나를 드러내는 것이다.

좋은 인상, 밝은 표정, 살아있는 눈빛

면접에서 성공하기 위해서는 내가 그 회사와 '함께할 일원'이라는 점을 드러내는 것이 좋다. 그 일원은 너무 튀지도 않고 너무 위축되지도 않게 적절히 균형을 맞추면서 위, 아래로 잘 소통하고 자기 업무에 충실한 사람이다.

다른 사람과 잘 어울리고 좋은 관계를 유지하면서 소통하기 위해서는 이미지가 좋아야 한다. 이미지는 인상과 분위기다. 요즘은 취업 면접 때 이미지를 좋게 하기 위해 성형 수술과 피부 관리를 받는 취업 준비생도 많다고 한다. 능력이 비슷하다고 봤을 때 회사 안에서는 외모도 경쟁력이라고 하니 짧은 시간에 돈 들여서 고치겠다는 생각인 것 같다. 물론 외모도 중요하다. 나는 성형 수술을 크게 반대하지는 않는다. 하지만 이미지는 코의 높이나 쌍꺼풀의 유무와 상관없이 내가 스스로 만들어 갈 수 있다.

대대적으로 성형하지 않는 이상 대부분의 사람들은 부모에게 받은 모습을 기본적으로 갖추고 살아간다. 이미지를 결정하는 것은 눈빛과 표정이다. 눈빛과 표정을 보면 상대가 살아온 과정과 현재의 삶, 그리고 그가 살아갈 미래가 보인다. 면접은 이것을 보는 것이다. 좋은 인상, 밝은 표정, 살아있는 눈빛이 중요하다. 이것들은 마음에서 나온다. 그래서 나는 가장 중요한 성형 수술은 마음의 성형 수술이라고 강조하곤 한다. 마음을 성형하는 방법 중 하나가 웃는 연습이다. 웃을 일이 있을 때만 웃는 게 아니고, 웃다 보면 마음도 즐거워지고 세상을 보는 태도가 달라진다. 그래서 웃으면 인상도 좋아지고, 표정도 밝아지며, 눈빛도 살아난다.

면접도 사람과의 소통이다

사장이든, 임원이든, 인사 담당자든 면접을 보는 사람들도 '인간'이다. 보편적 인간관계 속에서 희로애락을 함께 느낀다. 그런데 면접에 임하는 입사 지원자 중 일부는 마치 로봇을 대하듯 이들에게 답하곤 한다. 면접관의 답변에 분명한 자세로 지적인 답변을 하는 것은 바람직하다. 하지만 그렇다고 해서 일부러 인간적인 부분을 제거할 필요는 전혀 없다. 그들은 지원자들의 답변을 통해 그들의 업무 능력뿐 아니라 애정이나 감성 같은 인간적인 부분을 파악하려 한다.

어느 기업의 면접 자리에서 한 면접관이 아버지와의 추억을 묻는 질문을 했다. 지원자는 이렇게 답변했다.

> 최근에 아버지와 단둘이 케이블카를 타고 남산에 올라간 적이 있습니다. 제가 아주 어렸을 때 아버지와 케이블카를 탔던 기억이 어렴풋이 나서 다시 해보고 싶었기 때문입니다. 그 당시에는 제가 너무 작아서 아버지께서 저를 안아서 밖을 보여 주셨습니다. 그런데 너무 무서워서 아버지께 꼭 달라붙어서 떨어지지 않았던 생각이 났습니다.
> 그 시절을 이야기하며 함께 케이블카를 타고 남산에 올라 이곳저곳을 돌아다녔습니다. 그리고 그날 명동에서 아버지께 맥주를 사드렸습니다. 예전에는 앉은 자리에서 맥주 열 병도 더 드시던 아버지께서 그날 따라 단 두 병에 취하셨습니다.
> 집으로 돌아가는 택시 안에서 저에게 기대 잠드신 아버지를 보니 마음이 많이 아팠습니다. 솔직히 미안한 생각도 많이 들었습니다. 뭐 하

나 제대로 해 드린 게 없었기 때문입니다. 얼른 취업해서 아버지와 자주 데이트를 해야겠다고 생각했습니다.

이 지원자는 면접관들에게 좋은 인상을 주었고 좋은 점수를 받았다고 한다. 부모의 사랑이 내리사랑이라면 자식의 부모 사랑은 치사랑이다. 이런 치사랑은 그 사람의 사람됨을 드러내는 매우 중요한 요소다. 가족을 사랑하지 않는 사람이 낯선 사람이 모인 회사를 사랑할 수 있을까? 가족 속에서 책임감을 느끼지 못하는 사람이 이해관계로 부여되는 임무를 잘 수행할 수 있을까? 반대로 가족을 사랑하고 책임감을 느낄 줄 아는 사람이면 그 애정을 다른 영역으로 확장할 수도 있지 않을까?

면접에서 자신의 인간애를 적극적으로 드러내야 한다. 노련한 면접관 앞에서 거짓말은 통하지 않는다. 진심을 담은 이야기가 있어야 한다. 만약 없다면 지금부터라도 만들면 된다. 이번 장과 제 4장 전체에 걸쳐 관련된 내용이 자세히 소개되어 있으니 참고하기 바란다.

9

백전백승 취업 전략 ⑥
- 지원군의 도움을 받아라

당신은 혼자가 아니다

대부분의 취업 준비생들은 직장에 들어가기 위해 많은 준비를 한다. 그런데 그 과정과 내용이 문제다. 앞에서도 여러 차례 언급했듯이 취업 준비가 지식적인 요소를 채우는 것이라 생각하는 경향이 강한 것이다. 그리고 막연히 걱정만 하다가 시간을 보내 버리는 경우도 많다. 이력서를 여기저기 내 보고 만족할 만한 답이 오지 않으면 막연히 내가 어딘가 부족하다는 생각이 들어 스펙을 높이려고 한다. 그래서 제대로 된 취업 준비를 하는 사람은 생각보다 많지 않은 현실이다.

첫 취업은 앞으로 인생의 방향을 결정지을 수도 있는 중요한 과정이다. 스스로 편협한 판단에 빠질 수도 있고 지식과 정보가 부족하여 잘못된 선택을 할 수 있다는 사실을 인정해야 한다. 이럴 때는 적극적으로 전문가의 도움을 받으면 좋다. 인터넷만 있으면 충분하다는 사람들도 있다. 그러나 정보의 보고인 인터넷에는 옥석이 함께 존재한다. 이를 가려내기는 결코 쉽지 않다. 그리고 인터넷에 널려 있는 정보에서는 찾을 수 없는 소중하고 지혜로운 영역들을 전문가를 통해 얻을 수도 있다.

직장을 선택할 때부터 전문가의 도움을 받을 수 있다. 수많은 회사에서 사람을 뽑는데, 그 무수한 회사들이 도대체 어떤 곳인지, 나에게 적합한지를 판별하기는 몹시 어렵다. 그래서 가끔씩 오는 황금 같은 기회를 놓치기도 한다. 그러니 이 과정에서부터 기업이나 취업 정보 전문가에게 도움을 받는 것이 좋다.

취업할 곳을 선택하는 것 외에도 취업 전략을 세우고 수행하는 과정 전반에 걸쳐 전문가의 도움을 받을 수도 있다. 무료로 운영되는 전문 기관들도 많지만, 비용이 조금 드는 것도 고려해야 한다. 입시를 위해서도 학원에 다니며 과외까지 했는데, 직업과 직장을 선택하고, 취업을 준비하는 데 드는 비용에 지나치게 인색할 필요는 없을 것이다.

현명한 선택

우리 회사에서는 대학으로부터 취업 지원 프로그램을 위탁받아 운영하고 있다. 그 중 1년 동안 취업 준비를 하면서도 면접 기회조차 좀처럼 얻지 못해 심리적으로 위축되어 있던 한 여성 공학도의 취업 성공기를 소개하고자 한다.

컴퓨터 시스템 보안을 전공한 이 학생은 IT 분야에 취업하기를 원했다. 하지만 일반적으로 소프트웨어 분야는 야근이 잦고 상당한 체력을 요구하기 때문에 주로 남성 인력으로 이루어져 있다. 그래서 여성이라는 이유만으로 불리한 입장에 서는 경우가 많았다고 한다. 더구나 그녀는 자격증도 없고 특별한 이력도 없었기에 서류 전형에 합격하는 것부터가 쉬운 일이 아니었다.

대부분의 학생들이 오랜 기간 취업을 하지 못하게 되면 자신감이 떨어지면서 매사에 부정적인 태도를 보이기 쉽다. 이 학생도 마찬가지였다. 취업 프로그램 참여를 권하려고 걸었던 첫 전화에 매우 신경질적인 반응을 보였다. 실업자라는 상황을 자신이 모르는 누군가가 알고 있다는 사실에 대해 자존심이 상한 것 같았다. 다른 학교에서도 성공적으로 진행된 프로그램이고 전문적인 취업 컨설팅을 무료로 받을 수 있다는 점, 학교에서 비용을 지원하는 검증된 업체이니 올해 안에 꼭 취업하겠다는 의지만 갖고 오라는 컨설턴트의 진심 어린 설득 끝에 겨우 참여하겠다는 약속을 받아낼 수 있었다.

그런데 직접 학생을 만나 대화를 나누면서 몇 가지 문제점을 발견할 수 있었다. 거듭되는 취업 실패로 불안감이 커지다 보니 주위를 계속 두리번거린다든가 몸을 차분하게 두지 못하는 등 평소의 태도에서부터 약간의 문제를 보였다. 또한 대화할 때 자신도 모르게 부정적인 어휘를 자주 사용하는 습관이 있었다. 가령, 자신에게 불리하거나 이해되지 않는 부분이 있으면 상대방의 말을 끝까지 들어 보지도 않고 "저는 그렇게 생각하지 않습니다" "꼭 그런 것이 아니고……"라며 반론을 제기하는 경우가 많았고, 자기소개서에도 '잡다하게' '무작정' 등 부적절한 표현을 많이 사용했다. 이렇게 된 데에는 잇따른 취업 실패뿐만 아니라 편찮으신 부모님 대신 경제적 부담을 지고 있는 스트레스도 크게 작용한 것 같았다.

지원하고자 하는 직무가 본인이 좋아하는 분야이고 적성에 잘 맞았다는 점은 정말 다행이었다. 어릴 때부터 컴퓨터 다루기를 좋아한 이 학생은 비록 자격증은 없었지만, 실무 프로그램 활용 능력이 뛰어난 편이었다. 이렇게 원하는 분야가 있었는데도 워낙 취직이 잘 안 되다 보니 자신과 별 관련이 없어도 어디든 합격만 하면 들어가겠다는 심정으로 여기저기에 무작정 지원했다고 한다. 그 결과 취업은 더 힘들어졌고 본인이 정말 어떤 일을 하고 싶은지 혼란스러운 상태에 빠진 것 같았다. 진로 설정이 불분명한 대다수의 미취업자들이라면 누구나 겪을 만한 일이었다.

결국 꾸준한 상담과 컨설턴트의 도움으로 본인이 모르고 있던 장점을 강점화하여 이력서와 자기소개서에 반영했고, 부정적인 사고방식과 태도를 버리는 훈련을 집중적으로 계속했다. 이렇게 모든 부분을 전면 수정한 후 여러 기업에 지원했다. 그 중 두 군데의 서류 전형에서 합격했고, L호텔의 보안 직무에 최종 면접까지 올라갈 수 있었다. 면접에 가기 전에 우리는 그녀에게 몇 가지 중요 사항을 주지시켰다.

"면접은 면접관과 커뮤니케이션하는 과정이니 편안하고 자연스럽게 대화하도록 노력하라."
"면접관이 곤란하거나 난처한 질문을 했을 때 감정적으로 대응하지 않도록 주의하라."
"본인을 평가하는 과정 중 하나일 뿐이니 유연하게 대처하라."
"자신감을 갖고 당당한 태도를 잃지 마라."

그녀는 이것을 잘 지켰다. 그전에 세 번의 모의 면접을 해보는 등 꾸준히 훈련한 결과가 나타난 것이다. 그녀는 1년간의 마음고생을 뒤로 하고 최종 합격이라는 영광을 안을 수 있었다.

취업을 준비하는 과정은 누구에게나 쉽지 않다. 스스로 최선을 다해 노력했는데도 계속 실패한다면 전문가나 선배들의 도움을 받는 것이 현명하다. 스펙 쌓는 일에만 치우치거나 걱정만 하고 행동으로 옮기지 않는 것을 보면 너무 안타깝다. 조금만 관심을 가지고 찾아보면 취업에 대한 도움을 받기가 쉬운데, 실제로 그렇게 하는 젊은이들이 많지 않은 것 같다. 요즘은 모교에서 하는 취업 지원 프로그램을 활용할 수 있고 고용노동부나 지방자치단체 등에서 하는 취업 관련 사업도 많아졌다. 걱정만 하기보다는 전문적인 지원을 받으면서 준비해 보자. 취업 성공에 훨씬 도움이 될 것이다.

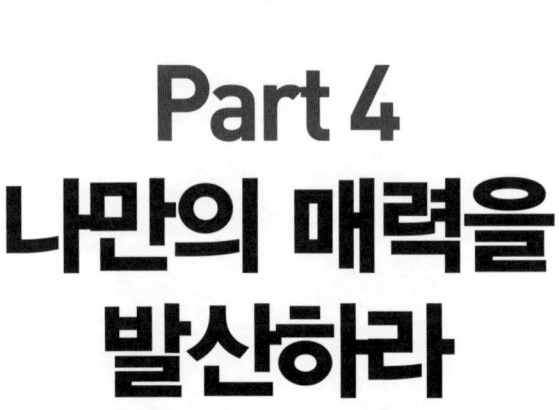

Part 4
나만의 매력을
발산하라

1

사회가 원하는 인재로
나를 조각하라

나만의 장단점 다듬기

지금까지 취업에 대한 근본적인 관점의 전환과 취업 준비의 마인드, 구체적인 준비 전략에 대해 살펴보았다. 이제 중요한 한 가지가 남았다. 어떤 모습의 나로 승부하는 것인가이다. 물론 있는 그대로의 나 자신으로 승부해야 하는 것은 당연하다. 그렇지만 약간의 다듬기가 필요하다. 취업을 준비하고 있는 나는 아직 본격적으로 사회를 경험하지 못했다. 그래서 사회에 나서기에는 거친 부분을 가지고 있다. 표현력도 미숙하다.

회사에서 사람의 역량을 말할 때 중요한 세 가지 요소로 경험, 지식, 지혜를 든다. 그런데 취업 준비생들은 유독 지식에 해당하는 부분에만 집중하는 경향이 있다. 지식은 중요하다. 그러나 그 역할이 절대적인 것은 아니다. 지식은 방향을 설정하거나 일을 구체화할 때 중요한 능력이 되지만, 행동이나 성과의 원동력은 아니다. 성과를 내는 원동력은 열정과 끈기이며, 새로움은 호기심에 의해 만들어진다. 그리고 좀 더 나은 세상을 만드는 근본적인 힘은 다른 사람에 대한 배려와 함께하려는 마음이다. 지식과 경험, 지혜가 조화를 이루는 상태가 이상적이다. 그러면 이 세 측면을 다 갖추어야만 할까? 사람마다 뛰어난 부분이 다르다. 따라서 자신의 개성에 맞게 뛰어난 부분을 중심으로 조화를 이루어야 할 것이다. 강점을 돋보이게 하고, 그 강점으로 단점을 덮는 것이 자기 다듬기다.

이렇게 자신을 다듬는 과정이야말로 취업 준비에서 가장 중요한 부분이라 생각한다. 스펙에 매달려 시간을 낭비하는 것보다 내 속에 있는 잠재력을 끌어올려 사회가 원하는 인재로 나를 조각하는 과정이 반드시 필요하다. 이는 내가 대기업 임원으로 사람을 채용하고 관리하는 일에 관여하면서, 그리고 취업 관련 회사를 이끌면서 얻은 깨달음의 총합이다.

조화를 이루는 성형

사회에서 필요한 모습으로 나를 성형할 때 가장 중요한 것은 본질적인 나 자신이며, 내가 가지고 있는 것들의 조화이다. 사람들의 가장 예쁜 부분만을 모아서 만든 얼굴이 진정으로 아름다울까? 한가인의 코, 김태희의 눈, 송윤아의 입술을 합쳐서 만든 얼굴은 부자연스럽다. 내가 가지고 있는 근본에서 조화를 이룰 수 있는 모습으로 성형해야 한다. 부모로부터 물려받은 재능, 외모의 특성, 자질과 성격 등 이미 타고나 바꿀 수 없는 부분을 바탕으로 조화를 만들어내야 한다. 나의 고유한 장점과 다른 사람에게 도움을 되는 부분은 결코 바꾸어서는 안 된다.

성형의 목표는 성공한 사회인, 유능한 직장인의 조화롭고 종합적인 모습이다. 그는 생기 있는 눈빛과 강인한 체력을 가졌다. 활기차고 긍정적이고 행동 지향적이며 남과 함께할 수 있는 사람이다. 또한 한번 시작하면 끝까지 갈 수 있다.

성형을 통해 우리는 매력을 갖게 된다. 매력이란 끌리는 부분이다. 편안하고 호감이 가며 같이 일하고 싶고 도움이 될 것 같은 느낌이다. 독불장군은 매력을 드러낼 수 없다. 힘들어도 웃음을 잃지 않고 분위기 메이커가 되는 사람이 매력 있다. 몸은 뚱뚱해도 정신에는 군살이 찌면 안 된다. 쓸데없는 생각이나 게으름을 벗어던지고 성실하고 강인한 사람으로 다듬어야 한다. 젊은이들을 신입사원으로 받아들이는 기업들은 어떤 사람을 원할까? 지금부터라도 그런 모습으로 나를 다듬을 수 있을까? 그리고 나는 어떤 모습으로 내가 그런 사람이라는 사실을 표현할 수 있을까? 이제 그 구체적인 내용을 알아보자.

2

인성이 1순위다

합격을 좌우하는 핵심 요소

취업을 앞둔 지원자에게 가장 중요한 덕목은 무엇일까? '인성'이라고 확신한다. 직원을 채용하는 기업의 대표나 인사 담당자 역시 같은 생각일 것이다. 그래서 기업들은 토론 면접, 합숙 면접 등 다양한 면접을 통해 지원자가 회사에 적합한 인성을 가졌는지 꼼꼼하게 평가한다. 외국어 성적이나 학점이 아무리 우수해도 인성을 제대로 갖추지 못한 신입사원은 결국 조직에 제대로 적응하지 못하고 중도에 그만둘 것이기 때문이다.

그럼에도 취업 준비생들은 최고 순위인 인성에는 그다지 신경을 쓰지 않는 것 같다. 눈에 보이지도 않고 하루아침에 바뀌지도 않는다는 이유에서다. 물론 인성은 쉽게 바뀌지 않는다. 그래도 나를 바꾸려고 노력해야 한다. 바꾸려고 노력하는 모습을 보이는 자체가 의미 있고 중요한 것이다. 그리고 매일 노력하다 보면 몇 개월이라는 짧은 기간에도 조금씩 변화하는 자신을 발견할 수 있게 된다. 이때 중요한 점이 있다. 급하다고 겉모습만 바꾸려 하지 말고 근본적인 나를 바꾸려 애써야 한다는 것이다.

속일 수 없는 인성

사람의 근본적인 인성은 겉으로 드러나지는 않는다. 그렇지만 숨겨지는 것도 아니다. 사람의 표정, 언행, 태도, 사고방식 등을 통해 표현된다. 인성에서도 중요한 부분이 정직성이다. 지원자가 아무리 출중한 스펙을 갖췄더라도 신뢰할 수 없는 사람이라면 그를 채용하지 않을 것이다. 예를 들어 이력서의 사진을 왜곡한다든지, 자기소개서에 실제 본인이 경험하지 않은 이야기를 허위로 쓴다든지, 전 직장의 재직 기간을 늘려서 기재하는 행위는 굉장히 위험한 발상이다. 그런데 입사 지원자 중 많은 사람이 이렇게 면접관들을 속이려 한다. 더 잘 보이고 싶은 마음에, 혹은 갑작스러운 질문에 당황해서 임기응변으로 대응한 것이라 해도 과장이나 허위는 상대방을 기만하는 범죄에 가까운 행위다. 거짓은 치명적인 흠이다. 인사 담당자들은 이력서에서 거짓이 하나라도 발견되면 더는 검토하지 않는다. 하나를 보면 열을 알 수 있다. 잘 보이기 위해 거짓말을 하는 사람은 회사와 동료도 얼마든지 속일 수 있다. 당신이라면 그런 사람을 뽑겠는가?

면접 전형에서 탈락한 사람들은 자신이 왜 떨어졌는지 그 이유를 알지 못한다. 단순히 자신의 스펙이 부족했기 때문이라고 생각하는 사람들이 많은데 사실은 그렇지 않다. 내가 알고 있는 바로는 상당수의 입사 지원자들이 '신뢰성' 문제 때문에 면접에서 떨어진다. 대다수의 면접관들은 직장 생활이든 인생에서든 지원자들보다 경륜이 있는 노련한 사람들이다. 직장 생활을 해 왔고 비슷한 사람을 많이 접했기 때문에 웬만한 사항들은 간파하고 있다. 그래서 지원자가 과장하거나 거짓을 말할 때 즉시 알아차릴 수 있다.

다소 부족하더라도 진실성, 진정성이 보여야 함께 일할 수 있지, 화려한 포장과 거짓 뒤에 숨은 사람과는 결코 함께할 수 없다. 그래서 인성을 가꿀 때는 일시적 화장술이 아닌 근본적인 개선이 필요하다. 서류를 잘 쓰고 면접에서 유창하게 말하는 것은 큰 의미가 없다. 마음가짐과 태도 자체가 좋아야만 한다. 그래서 평소에 바람직한 인성을 유지하고 발전시키려는 노력과 훈련이 필요하다. 예를 들어 모든 사안에 대해 긍정적인 면을 보려고 노력하며 작은 이익에 연연하지 않고 베푸는 마음을 갖도록 훈련해야 한다. 이를 위해서 내가 불만족스러워하던 것의 좋은 점을 써 보거나, 부모님께 감사한 점을 몇 가지 작성해 보는 등의 활동을 해볼 수 있다.

인성은 마음먹기 나름이다

사람의 마음은 자연스럽게 겉으로 드러난다. 존경하는 사람 앞에서는 고개가 숙여지고 사랑하는 사람 앞에서는 다정다감해지기 마련이다. 마음에 따라 태도가 달라지는 것이다. 그러므로 어떤 마음가짐을 갖고 사느냐가 인생의 관건이 된다. 우리는 마음을 정화하기 위해 노력해야 한다. 마음을 정화하면 행동이 달라진다. 남을 미워하면 세상이 나를 미워하는 것처럼 보인다. 내가 남을 의심하고 속이면 상대도 나를 속이지 않을까 의심하게 된다. 반대로 내가 선량하게 대하면 상대도 나에게 선량하게 대할 거라고 생각하게 된다. 윗사람을 존경하는 마음가짐에서 예의 바른 행동이 우러나고, 동료나 후배를 배려하는 마음가짐에서 함께하려는 태도가 생긴다.

우리 사회는, 특히 기업들은 언행이 거친 사람들을 원하지 않는다. 말이 거칠다는 것은 마음이 거칠다는 반증이다. 마음에 가시가 돋친 사람들은 그것을 날카로운 언행으로 사람들에게 표현하게 되고, 그러면 주위 사람들이 찔리고 상처를 입는다. 결국 다른 사람들에게 피해를 주게 되는 것이다. 그래서 따뜻하고 원만한 마음가짐을 가진 사람들, 조직에서 자석 같은 역할을 하는 사람이 인정받는 것이다.

마음가짐을 바로 잡고 연마하는 출발로 '감사하는 마음'을 권하고 싶다. 감사하는 마음이 생기면 배려하는 마음, 보답하고 싶은 마음이 저절로 우러난다. 이로써 세상이 밝게 보이고 긍정적인 마음을 갖게 된다. 또한 매사를 좋게 보려고 노력해야 한다. 좋은 점이 보이기 시작하면 즐거워지고, 자연스럽게 조직에 플러스 효과를 주며 시너지를 내는 사람으로 바뀐다. 예를 들어 동료 한 사람의 좋은 점에 주목한다면 '저 사람은 이런 장점이 있으니 내가 이런 점을 보완하여 힘을 합치면 일이 잘될 것이다'라고 생각할 수 있다. 이런 마음을 가지면 눈빛, 몸짓, 표정, 언행에서 긍정적인 기운이 우러나게 되어 있다.

나는 취업 현장에서 어떤 모습으로 승부할 것인가? 그 첫 번째는 인성이다. 인성은 꾸미거나 속일 수 없으므로 근본을 다듬어야 한다. 그것은 마음가짐에서 우러나온다. 따라서 마음가짐을 바꾸는 훈련을 시작해야 한다. 단기간에 되지 않을 거라고 지레 포기할 필요는 없다. 시작이 중요하다. 노력하다 보면 어느새 마음가짐이 완전히 바뀐, 그리고 언행과 태도까지 달라져 있는 내 모습을 발견하게 될 것이다.

3

믿을 수 있는 사람

믿음을 주는 사람

앞에서 입사 전형 중 아주 작은 부분이라도 속임수를 쓰면 절대 안 된다고 이야기했다. 그러나 안타깝게도 이력서나 자기소개서, 그리고 면접에서 거짓말을 하는 지원자들이 너무 많다. 대기업 임원으로 일하면서, 또 취업 관련 회사를 이끌면서 나는 이런 젊은이들을 자주 접해 왔다. 거짓을 말하는 사람들은 취업 전형 관문을 절대 통과할 수 없다. 여기에서만큼은 예외가 없다. 그 회사에 꼭 들어가고 싶고 자신을 더 돋보이게 하려고 '이 정도는 괜찮겠지' 생각한 과장이나 거짓은 치명적인 독이 된다. 노련한 인사 담당자들은 거짓말하는 지원자를 귀신같이 가려낸다.

기업은 신뢰할 수 있는 사람을 원한다. 신뢰가 없는 사람은 조직을 뿌리째 흔드는 위험한 인물이기 때문이다. 간단히 말해 신뢰는 거짓이 없다는 것이다. 나는 이런 거짓이 크게 세 가지 경우에서 생긴다고 본다. 첫 번째는 남을 속여 이익을 얻고자 할 때다. 두 번째는 자기 자신을 포장하기 위해서다. 세 번째는 속일 의도가 없었는데 약속을 지키지 못해 결과적으로 거짓말을 한 셈이 되는 경우다. 정도의 차이는 있지만, 이 세 경우 모두 나쁜 것임이 틀림없다.

입사 전형의 모든 과정에서 정직하자. 내가 정직한 사람임을 표현하자. 나중에 회사에 들어간 뒤에 정직성은 생명과도 같다. 이를 위해 먼저 정직함을 기르는 훈련을 하자. 일상에서 대화를 할 때나 글을 쓸 때 절대 일말의 과장도 하지 않겠다는 원칙을 세우고 수시로 점검하자. 이는 결코 쉬운 일이 아니다. 하지만 생각을 바꾸고 습관을 들이면 확연히 달라질 수 있다.

책임감이라는 이름의 신뢰

과거에 대한 거짓만이 불신을 불러오는 것은 아니다. 약속을 지키지 않는 사람은 미래에 대해 거짓을 말하는 셈이고 이런 사람은 절대 신뢰할 수 없다. 믿을 수 있는 사람은 책임감이 강한 사람이다. 회사는 책임감이 없는 사람에게 중요한 일, 가치 있는 일을 시키지 않는다. 그 대신 짧은 기간에 끝나는 일을 상세하게 지시하고, 구체적으로 확인한다. 이런 관리 방식은 유치원생을 다루는 방법과 똑같다. 유치원생 수준의 취급을 받으며 쉬운 일만 하는 사람은 결코 성장할 수 없다. 인생에서 책임감은 필수다, 취업 전형을 통과하거나 훌륭한 사회인으로 성장하기 위해 없어서는 안 될 덕목이다.

책임감에 대해 두 가지 중요한 자세를 갖출 필요가 있다. 첫째, 책임 감을 통해 신뢰를 주는 사람으로서 자기 이미지를 갖겠다는 결심이다. 사람은 누구나 자신에 대한 이미지를 갖고 있다. 나는 어떤 사람인가? 자존심이 있는 사람인가? 아니면 늘 야단맞는 것에 익숙한 사람인가? 자존심이 있는 사람은 자신의 일도 자존심 있게 해낸다. 그러나 책임감 없는 사람들은 대부분 "하면 될 거 아냐?"로 일관한다. 이는 늘 계획을 세우지만 성공하지 못하고 좌절한 경험이 누적되어 피해 의식이 쌓인 경우다.

두 번째는 해야 할 일을 하는 것이다. "나는 좋아하는 일은 열심히 합 니다"라고 말하는 사람들이 있다. 대부분의 사람들이 자기가 좋아하는 일은 열심히 할 수 있다. 그러나 책임감이 강한 사람은 자기가 좋아하는 일보다는 '해야 할 일'을 한다. 간혹 팀 프로젝트를 할 때, 자기가 맡은 부분만 하겠다는 사람이 있다. 그런 사람들은 전체를 아우르는 작업은 자기 책임이 아니라고 말한다. 그러면 여러 구성원들 중에서 책임감 있 는 사람이 프로젝트를 마무리한다. 책임감 있는 사람은 남에게 미룰 수 있는 상황에서도 자기 일을 마무리하는 사람이다. 그 프로젝트 전체를 나의 일이라 여기고 책임감을 느끼는 사람, 그 사람이 리더가 되어 팀을 이끌게 되는 것이 조직의 본질적 속성이다.

책임감 훈련

진정으로 책임을 다한다는 것은 자신이 할 수 있는 마지막 최선을 다 하는 것이다. 나의 가치는 마지막 최선, 즉 진정한 책임감 때문에 달라진다. 이렇게 중요한 책임감을 훈련하는 방법을 몇 가지 소개하겠다.

① 약속은 명확하게 하고 반드시 지키자

"우리 언제 한번 만나자." 오랜만에 만난 친구와 이런 약속을 하고 헤어졌다. 한 달이 지나고 1년이 지나도 그 친구를 만나 밥 한 끼 같이 먹기가 쉽지 않다. 이런 막연한 약속은 약속이 아니다. 약속은 목표와 시간, 그리고 품질을 정하는 것이다. 무엇을, 언제까지, 어떻게 하겠다는 내용이 반드시 들어가야 한다.

약속에는 두 가지 종류가 있다. 자신과의 약속과 타인과의 약속이다. 가장 중요한 것은 자신과의 약속을 지키는 것이다. 그래야 스스로 괜찮은 사람이라는 믿음이 생긴다. 그것이 자신감이고, 자신감이 쌓이면 진짜 자존심이 생긴다. 영어 공부를 하겠다고 자신과 약속을 했다면 약속을 구체화하자. '이번에 앉으면 두 시간 동안 일어나지 않겠다.' 자신과 한 이 약속을 지켰는지 안 지켰는지는 아무도 모른다. 그러나 나 자신은 안다. 일어나서 화장실에 가고 싶고, 물 마시러 나가고 싶은 욕구를 참고 두 시간을 꽉 채웠을 때의 짜릿한 쾌감을 느껴 본다면 다시 그 성취감을 느끼고 싶어서라도 다음 약속을 지켜낼 수 있다. 자신에게 너무 무리한 약속을 하지 말고 스스로 지킬 수 있는 약속을 한 후, 하나씩 지켜내는 훈련을 하자. 이런 과정을 통해 참 괜찮은 나, 멋진 나를 만날 수 있다.

주위 사람들과의 사사로운 약속이라도 잘 지키자. 사람들이 서로에 대해 믿음이 생기거나 믿음이 깨지는 경우를 보면 큰 약속보다는 사사로운 약속 때문이다. 사람들은 평소에 지키지 못할 만큼 커다란 약속을 하는 사람을 보면 허풍을 떤다고 생각해서 크게 기대하지 않는다. 하지만 주말에 영화를 보러 가자는 등의 사사로운 약속을 책임감 있게 잘 지키는 훈련을 한다면 약속을 정할 때도 지킬 수 있는 약속만 하게 된다.

② 한번 시작하면 중도에 그만두지 말고 완수하자

어떤 일이든 시작은 빨리 하는데 중간의 고비를 넘기지 못하고 그만두는 사람들이 있다. 그런 사람들은 일을 바꾸면 자신의 태도가 달라질 거라고 기대한다. 하지만 그런 패턴은 근육이 훈련되듯이 프로그래밍된 것이다. 책임감을 키우려면 이 패턴을 바꿔야 한다. 어떤 일이든 한번 시작하면 중도에 그만두지 않고 완수하기로 자신과 약속하고 그것을 지켜보자. 어떤 것이든 처음 한 번은 어렵다. 하지만 유혹을 뿌리치고, 합리화하려는 이유를 뒤로한 채, 스스로 마라톤을 완주한 듯 어렵게 성공하고 나면 나의 몸에도 중도 포기 근육이 사라지고 업무 완수 근육이 생길 것이다.

③ 손해 보는 듯 살자

함께 일하거나 팀 작업을 할 때, 내가 상대의 어려운 부분을 기꺼이 메워 주겠다는 마음으로 하자. 이때 주목할 것은 '기꺼이'다. 내 시간을 더 투자하는 것을 아까워하지 않고 '기꺼이' 그렇게 해서 일의 완성도를 높이는 것이다. 당장은 시간이나 비용이 더 들어가는 것 같지만, 결코 손해는 아니다. '신뢰'라는 소중한 자산이 되어 나에게 돌아올 것이기 때문이다.

④ 어디까지가 나의 책임인지 규정하자

일을 시작할 때, 책임 소재를 분명히 하는 것이 가장 좋다. 물론 일을 하다 보면 그게 쉽지만은 않지만, 책임감을 기르기 위해서는 중간에라도 책임 소재를 분명히 해야 한다. 그리고 일단 내가 책임져야 할 부분에 대해서는 확실하게 책임을 지자. 집 안에서도 방 청소는 누구의 책임인지 확실하게 정하고 자기 방 청소는 자기가 책임지는 훈련을 하자. 가장 좋은 훈련장은 가정이다.

⑤ 중간 점검을 하자

자신이 맡은 일을 제대로 해내려면 반드시 중간 점검을 해야 한다. 그래야 수정이 필요하면 수정을 하고, 조율이 필요하면 조율을 할 수 있다. 이때는 형식적인 점검보다는 실제적인 실천이 동반되는 점검을 해야 한다. 이런 사항을 다음과 같이 체크리스트로 만들어 훈련할 수도 있다.

내가 반드시 지켜야 할 책임과 약속 리스트

과제	납기(언제)	품질(수준)	함께할 사람	중간 점검 1	중간 점검 2	최종 점검

4

함께 일하고 싶은 사람

독불장군은 살아남을 수 없다

회사는 공동의 목표를 향하여 함께 모여 일하는 곳이다. 제아무리 뛰어난 사람일지라도 혼자서 회사를 움직일 수는 없다. 특히 신입사원이라면 더욱 그렇다. 조직 속에 녹아들어 자기 역할을 충실히 수행할 때 그 가치가 빛난다. 그래서 당장 지식이 뛰어나고 외국어를 능숙하게 구사하더라도 조직과 융화될 수 없다고 판단되면 회사는 그 사람을 절대 채용하지 않는다.

다른 사람과 함께하기 위해 꼭 필요한 것으로는 앞서 말한 신뢰와 함께 팀워크가 있다. 기업은 믿을 수 있고 조직에 잘 융화되는 사람을 선택한다. 그러므로 취업을 준비할 때나 입사 전형 과정에서 나의 신뢰성뿐만 아니라 팀워크를 강화해야 한다. 훈련을 통해 가다듬어야 하고 그것을 표현할 수 있어야 한다.

회사는 팀워크의 결정체

우리 회사가 취업 준비생들과 같이 하는 중요한 교육 프로그램으로 '래프팅'이 있다. 래프팅은 다양한 성격과 태도를 지닌 사람들이 팀워크의 중요성을 느끼기에 적합하기 때문이다. 한 배에 타서 호흡을 맞춰 노를 저으며 험한 물길을 타고 내려와 목적지에 도착하면, 교육생들은 누가 시키지 않았는데도 서로 얼싸안으며 한몸이 된다. '함께한' 경험이 주는 감동이 크기 때문이다. 이렇듯 래프팅 같은 팀플레이를 통해 팀워크를 경험한 교육생들은 그 경험이 직장 생활에서 큰 도움이 된다고 말한다. 다른 곳에서도 마찬가지지만 회사에서는 특히 팀워크가 중요하기 때문이다.

회사는 혼자 일하는 곳이 아니다. 큰 일을 하기 위해 적정 인원이 나눠서 일하고, 그 결과를 합해서 시너지를 내야 하므로 업무의 전문화와 집중화가 필요하다. 그러기 위해서는 구성원들이 호흡을 맞춰 '한 방향'으로 가는 것이 중요하다. 그런데 팀 구성원 중에 팀과 함께하지 못하는 사람이 있으면, 팀의 호흡이 깨지고 능률도 낮아진다. 래프팅할 때, 한 사람이라도 호흡을 놓치거나 규칙을 어기면 배가 엎어지고 배에 탄 사람들 모두 물에 빠진다. 래프팅이야 배가 뒤집히더라도 한 번 웃고 말면 그뿐이지만, 회사 일은 그렇지 않다. 잘못 하면 회사와 동료들에게 큰 손해와 상처를 입힐 수 있다. 그래서 회사는 팀워크의 관점에서 입사 지원자를 평가한다.

함께하는 훈련

함께하는 사람은 상대를 인정한다. 다른 사람과 함께하기 어려운 사람은 크게 두 가지 부류다. 하나는 너무 소심하거나 자신감이 없어서 피해 의식이 큰 경우이고, 두 번째는 너무 유능해서 모든 일을 다 자기가 해야 직성이 풀리는 경우다.

요즘은 학교에서 조별로 과제를 내 주고 발표하는 수업을 많이 한다. 그때 나는 팀과 '함께하는' 사람이었는지 생각해 보자. 앞장서는 친구에게 다 맡기고 들러리만 서지 않았나? A+를 받으려면 '내가 혼자 다 하는 게 낫다' 생각하고 다른 사람을 들러리 세운 채 혼자 다 하지는 않았나? 묻어가는 사람도, 독주하는 사람도 결코 '함께하는' 사람이 아니다.

함께하려면 가장 먼저 상대를 인정해야 한다. 상대도 나와 같이 부족할 수 있고, 상대도 나처럼 잘할 수 있다는 점을 인정하고 '함께하는' 것을 통해 시너지를 낼 수 있다는 사실을 받아들여야 한다. 내가 인정받는 방법은 상대를 인정하는 것이다. 팀 안에서 역할을 나눌 때는 우열을 가리지 않고 서로 다름을 인정해야 한다. 서로 잘하는 것을 바탕으로 협력을 창출하는 것이 팀워크의 기본 원칙이다.

함께하는 사람은 먼저 준다. 사람은 성인이 되기 전까지는 부모와 사회로부터 무조건 '받고(Take)' 자란다. 그러나 사회인으로서의 성인이 되려면 '주고받기(Give & Take)'를 할 줄 알아야 한다. '주기(Give)'는 익숙하지 않고 즐겁지도 않다. 하지만 이미 형성된 사회에 진입해서 함께 살아가기 위해서는 익숙하지 않았던 '주기'에 적응해야 한다. 물론 취업 준비생의 입장에서 사회에 줄 것이 많지는 않을 것이다. 그러나 내가 보기에

별것이 아니더라도 내가 나눌 수 있는 것들을 나누자. 함께하고 싶다는 마음을 나누고 시간, 기술, 능력을 아낌없이 나누려는 자세가 중요하다. 그러면 "주는 대로 받는다"는 황금률처럼 세상은 나에게 문을 활짝 열어 '함께할' 것이다.

또한 함께하는 사람은 모든 것에 열린 자세를 취한다. 사람은 원래 다 다르다. 하늘 아래 똑같은 사람은 하나도 없다. 그러니 서로의 다름을 인정해야 한다. 나와 다른 견해를 수용하지 못하고 상대를 비난하는 가장 큰 이유는 나는 '옳고' 상대는 '그르다'고 판단하기 때문이다. 나와 다른 사람을 이해하려면 이런 판단을 멈추어야 한다. 나는 이것을 좋아하고 상대는 저것을 좋아할 뿐이다. 서로 다른 점이 조화와 균형을 이루어 더 좋은 결과를 가져온다. 그렇게 열린 자세를 가지고 사람을 만나는 과정에서 누군가가 나와 비슷한 점을 갖고 있다면 비교적 쉽게 가까워진다.

함께하는 사람은 시야가 넓다. 전체 속에서 부분을 볼 줄 안다. 팀의 차원, 회사의 차원에서 자신의 상황과 일을 볼 줄 아는 것이다. 그래서 가족은 함께 하는 사람의 기본 훈련장이 된다. 가족의 목표를 위해 역할을 분담하고 나의 욕구를 조절하거나 책임을 다하면서 살아왔다면 사회에서 환영받을 확률이 확실히 높다. 자녀의 대학 등록금을 마련하기 위해 피곤한 몸을 일으켜 새벽일을 나가는 아버지의 뒷모습을 보고 자랐다면, 아버지의 사랑을 느껴서 가난한 형편을 탓하지 않고 아르바이트를 하면서 공부한 입사 지원자라면 회사에서도 그런 시야를 가지고 일할 것이나. 축구나 농구 등 팀워크 운동을 한 사람들도 마찬가지다. 시야가 넓은 사람은 복사해 오라는 상사의 지시를 단순한 복사 업무로만 보지 않는다. 복사한 문서가 어떤 용도로 사용될 것인지를 파악하여 용도에 맞게 준비해 상사의 책상에 올려놓는다. 이런 사람이 함께할 수 있다는 신뢰를 얻게 된다.

나의 팀워크 능력을 점검해 보자. 나는 함께하는 일을 좋아하는가? 축구나 농구 같은 여러 사람이 함께하는 운동을 해보았는가? 혹은 동아리 등에서 장시간 공동 과제를 완수해 보았는가? 그리고 함께 모여 무엇인가를 할 때 나는 어떤 입장이었나? 팀워크를 구축하기 위해 특별히 노력해 본 적이 있다면 정리해 보자. 없다면 새로운 경험을 해보자. 그 속에서 나만의 이야기를 만들어 보자. 재미있는 사례 하나를 이야기하겠다. 한 젊은이는 취업을 준비하면서 팀워크를 만들기 위해 흥미로운 도전을 했다. 그리고 그때 겪은 일을 면접관에게 이렇게 말했다.

4학년이 되고 나서 마케팅에 관심이 있는 동기들과 동영상을 하나 제작하기로 했습니다. '20대는 무엇을 원하는가?'를 주제로 20대의 소비 선호도를 인터뷰하고, 인기 있는 매장에는 직접 찾아가 성공 비결을 촬영하는 방식이었습니다. 연구 결과에 대해 교수님 등 전문가의 인터뷰도 실었지요.

그런데 막상 시작하니 생각했던 것보다 방대한 작업이었습니다. 처음부터 삐걱거렸습니다. 누가 어떤 역할을 맡을지에서부터 의견 충돌이 일어났습니다. 리더 격인 감독이나 작가, 그리고 화면에 등장하는 인터뷰어는 전면에서 주목받으니 하려는 사람이 많았는데, 자료 분석과 촬영, 편집 등 정작 사람이 많이 필요한 부분에는 선뜻 나서는 친구가 없었습니다.

저는 내심 감독을 맡고 싶었습니다. 그럴 만한 자격이 있다고 생각했습니다. 그렇지만 결국 카메라 촬영을 맡게 되었습니다. 제가 원하는 마케팅 직종과 관계없는 부분인데다가 힘들기도 해서 짜증스러웠지만, 어쨌든 동영상 프로젝트는 시작됐습니다. 그러나 자기 역할에 대한 불만, 연출진에 대한 불신, 개인 사정 등으로 작업에서 빠지는 친구들이 하나둘 늘어나더니 나중에는 절반인 여섯 명만 남았습니다. 저도 썩 만족스럽지는 않았지만, 이왕 시작한 일이니 계속 해야겠다고 생각했습니다.

하지만 그 일을 진행하면서 새로운 눈을 뜨게 되었습니다. 친구들의 보이지 않는 장점이 눈에 들어왔고, 참신한 아이디어를 내놓는 모습을 보면서 함께 일하면 배울 점이 많다는 생각이 들었습니다. 나중에는 자료 조사와 정리까지 맡아야 했는데, 다른 사람보다 시간을 더 많이 들여야 하니 손해라는 불만은 곧 사라졌습니다. 마케팅의 기본이 되는 소비자 심리에 대해 많이 공부할 수 있었기 때문입니다.

여러 장소를 찾아다니며 촬영하고, 밤을 새워 격렬히 토론하면서 촬영된 화면을 편집하는 과정을 거쳐 마침내 30분짜리 동영상이 완성됐습니다. 물론 전문가가 만든 것에 비해 수준은 낮지만, 우리는 이 과정을 통해 공부했던 것을 정리했고 앞으로 하고 싶은 일의 기초적인 부분을 맛볼 수 있었습니다. 무엇보다도 함께 일하는 것이 얼마나 유용하고 좋은지, 개인의 편협한 시각과 이익을 버리고 열린 마음으로 팀을 위해 자기 책임을 다하면 어떤 결과가 나타나는지에 대해 깊이 알게 됐습니다. 앞으로 회사에서 팀 작업이라는 신비와 즐거움을 더 경험하며 헌신할 기회가 많이 주어지기를 기대합니다.

5

공감하고
사랑할 줄 아는 사람

공감의 힘

회사가 이윤을 추구하는 조직이기는 하지만 그렇다고 돈에 목숨을 거
는 냉혈한을 원하지는 않는다. 회사에서는 따뜻한 마음을 가진 사람들
이 모여 서로 힘을 합쳐 일해야 할 뿐 아니라, 고객 역시 따뜻함을 갈망
하는 사람들이기 때문이다. 그래서 기업은 공감하고 사랑할 줄 아는 따
뜻한 사람을 원한다. 분석적이고 냉철한 태도는 유용한 업무 역량이지
만 사람을 대할 때 그러는 것은 옳지도, 효과적이지도 않다.

사람이 함께 어우러지는 사회가 바람직한 것처럼 직장도 다른 이의
생각과 마음을 헤아릴 줄 아는 사람을 원한다. 즉, 공감 능력은 조직 생
활에 꼭 필요한 덕목이다. 사람을 채용하고자 하는 기업은 그가 자신의
기분에만 집착하는 편협한 사람은 아닌지를 따진다. 더 나아가 그가 조
직 내 선후배와 동료, 고객들의 마음을 헤아려 다른 사람을 어루만지

는 언행을 할 수 있는 사람인지 파악하려 한다. 최근의 연구 결과에 따르면, 공감은 숭고한 가치일 뿐 아니라 현실적으로 유용한 성공의 무기이기도 하다. 공감 능력이 뛰어난 사람들이 결국 좋은 인간관계를 형성하고 더 나은 정보를 얻게 되며, 고객들이 진정으로 원하는 것을 제공함으로써 높은 성과를 올린다는 객관적인 자료가 많이 나와 있다.

취업을 준비하는 젊은이들은 자신의 공감 능력이 어떤지 점검해 보아야 할 것이다. 취업이라는 경쟁 상황에서 혼자 공부하다 보면 고립된 감정에 빠지기 쉽다. 부모님부터 시작해서 형제자매, 가까운 친구들까지 그 마음을 헤아리는 시간을 가져 보자. 내가 바로 그 사람이 되어 그 상황에 처해 있다는 심정으로 다른 사람의 마음에 동화되어 보자. 그리고 내가 그를 위해 무엇을 할 수 있을지도 진지하게 생각해 보자. 공감 능력을 높이는 효과적인 훈련 방법으로 역할극이 있다.

역지사지 역할극

내가 멘토로 있는 한국장학재단 대학생 멘토링 프로그램에서 '역지사지'를 주제로 역할극을 한 적이 있다. 이는 다른 사람을 이해하기가 매우 어렵고, 그만큼 상대방에 대해 제대로 알려고 노력할 필요가 있다는 것을 깨닫게 하려는 취지였다. 우선 팀별로 각각 갈등을 빚는 상황과 역할을 선정했다. 이때 중요한 것은 역할을 설정할 때 그 역할이 어떤 이력을 가졌는지에 대해 상세하게 정하는 것이다. 예를 들어 '아버지'라는 역할을 정할 때 나이와 학력, 성격, 가치관, 트라우마 등 아버지를 이루는 세세한 환경적 요소를 설정하고, 그런 프로필에 기초하여 역할을 수행해야 한다. 역할이 가지고 있는 내력이 행동이나 말에 충분히 반영되어 관객의 공감을 살 수 있어야 하는 것이다.

첫 번째 팀은 회사 상사와 인턴 간의 갈등을 다루었다. 상사는 자신과 약속한 시간에 1, 2분만 늦어도 전화로 심하게 독촉하고 인턴은 1, 2분에 목숨 거는 상사의 행동을 이해할 수 없어 매번 스트레스를 받는 상황이었다. 역할극이 끝나고 각자의 소감을 들어 보니 상사 역할을 한 멘티는 완벽하게 몰입하기 힘들었다고 말했다. 본인이 인턴이었을 때 직접 겪은 일이기에 상사의 행동을 이해해 보려고 그 역할을 맡았지만, 그래도 이해하기 어렵다는 반응이었다. 이는 상사의 행동을 따라 했을 뿐 그 행동이 어떤 가치관이나 생각을 바탕으로 표출되는 것인지 충분히 이해하지 못한 결과라고 볼 수 있다. 상사가 왜 1분을 금 같이 여기는지, 시간을 어기면 어떤 손해를 줄 수 있는지, 전에도 그런 적은 없는지 여러 가지 경우의 수를 생각해 보지 않아, 역할을 직접 해보았음에도 상사의 마음을 제대로 이해할 수 없었던 것이다. 시간을 어긴 것 때문에 신뢰를 잃은 경험이 있었다면 상사가 왜 그렇게 민감한 반응을 보였는지 충분히 이해할 수 있었을 텐데 아쉬운 부분이다.

두 번째 팀은 친구들과 만날 때마다 집에 늦게 들어오는 딸을 이해하지 못하는 아버지와 보수적이고 엄격한 아버지에 대해 불만이 많은 딸의 갈등 상황이었다. 실제로 본인의 아버지가 그러하다는 여자 멘티가 아버지 역할을 맡았는데, 처음에는 잘 표현하는 것 같았지만 갈수록 딸의 반발에 동조하는 모습을 보이며 아버지의 입장을 제대로 나타내지 못했다. 이미 성인이 된 딸의 늦은 귀가를 불안해하며 기다리는 아버지에게는 여러 가지 이유가 있을 수 있다. 이에 대해 깊이 헤아리지 못하고 아버지의 역할을 하려다 보니 제대로 표현할 수 없었던 것 같다.

부모와 자식 혹은 연인 관계와 같이 서로 좋아하는 마음이 있으면 상호 이해의 폭이 커질 수 있다. 그러나 상사와 부하 직원은 일로 만나서 일방적으로 지시를 주고 받는 관계이므로 이해의 폭이 좁을 수밖에 없다. 역지사지의 기본은 내가 상대방이 되는 것이다. 나와 갈등을 빚는 상대의 내면을 이해하고 그 마음이 되어 생각하다 보면, 내 마음과 절충하여 찾을 수 있는 해결안이 분명히 존재한다.

사랑의 힘

나는 말과 행동으로 표현된 공감이 사랑이라고 생각한다. '사랑'이 추상적인 가치이기는 하지만 회사는 사랑할 줄 아는 사람을 원한다. 자신의 가족을 사랑하고, 동료를 사랑하고, 고객을 사랑하고, 일을 사랑하고, 회사를 사랑할 줄 아는 사람을 뽑고 싶어 한다.

사랑은 계량적으로 측정하기 몹시 어렵지만, 자연스럽게 겉으로 나타난다. 기침과 사랑은 숨길 수 없다는 말이 있지 않은가? 사랑하고 있는 사람은 말하지 않아도 눈빛부터 다르다. 누가 봐도 한 번에 눈치챌 수 있을 만큼 표시가 난다. 그 표시는 '설렘'이다. 생각만 해도 설레고, 만나면 더욱 설렌다. 함께 무엇인가를 할 때는 어떤 어려움이 있어도 이겨낼 수 있다는 희망과 자신감이 생긴다. 또한 사랑하는 사람이 하는 말은 무엇이라도 이해하려고 노력한다. 평소라면 웃지 않을 일에도 금세 기쁨이 넘친다. 세상의 크고 작은 문제들이 모두 긍정적으로 보이고, 기쁘게 희생하여 포용하려는 마음이 생긴다. 그리고 사랑에는 조건이 없다. 조금 무리한 조건이나 많은 일도 기꺼이 감당한다. 사랑의 에너지가 내는 활력이 삶의 에너지가 되는 것이다.

회사를 사랑하는 직원은 스스로 말하지 않아도 눈빛이 다르다. 애인을 바라보는 눈빛과 상사를 바라보는 눈빛이 다르지 않다. 회사를 사랑한다면 아침에 일어나서 회사에 출근하는 게 즐겁고 설렐 것이다. 회사에 오면 즐겁고 일에 대한 기대감으로 활력이 솟구친다. 회사를 사랑하는 사람은 회사에서 나에게 불필요한 일을 시키지 않을 거라는 믿음이 있다. 그래서 회사에서 하는 일에 조건을 달지 않고 적극 참여한다.

사랑 훈련

사랑은 숭고하다. 운명적이며 자연스럽게 솟아난다. 사랑에는 인위적인 요소가 있을 수 없을 것이다. 그러나 사랑도 훈련할 수 있다. 그 중 대표적인 방법으로 '러브 노트'가 있다. 노트의 페이지마다 특정 인물의 이름을 쓰고, 그 아래에는 '그 사람에게 칭찬할 점', '그 사람에게 감사한 점', '그 사람에게 전할 사랑의 말과 행동' 같은 항목을 쓴다. '나' 자신도 사랑의 대상이 될 수 있다. 자신을 사랑하는 사람이 남도 사랑할 수 있기 때문이다. 이렇게 정리한 후 사랑의 행동에 대해서 구체적인 실행 계획을 세우고 반드시 실천한다. 예를 들면 아버지가 퇴근하기를 기다렸다가 팔짱을 끼고 이런 저런 얘기를 나누며 집까지 걸어오기, 엄마와 함께 영화 보기, 일요일 하루는 가족을 위해 밥상 차리기 등 작고 사소한 것이어도 괜찮다.

진심이 담겨 있다면 이런 훈련은 사랑하는 마음을 높이는 효과적인

도구가 될 수 있다. 그리고 훈련 과정은 사랑할 줄 아는 자신을 만들어
가는 하나의 이야기가 될 수도 있다. 면접 자리에서 자신이 어떻게 사랑
을 훈련했는지, 그리고 이 과정에서 무엇을 느꼈는지를 바탕으로 회사
를 어떻게 사랑하고자 하는지를 적절하게 표현할 수 있다면 나의 인성
을 드러낼 좋은 기회가 될 것이다.

6
도전 정신을 갖춘 사람

취업은 도전이다

2부 첫 번째 장의 '대학생 구직 능력 향상을 위한 요구와 과제'라는 표에서 우리는 기업 인사 담당자들이 취업 지원자를 평가하는 가장 중요한 덕목이 '도전 정신'이라는 것을 확인했다. 그런데 왜 하필 도전 정신일까? 간단히 말해 직장에서 하는 일 하나하나가 다 도전이기 때문이다. 회사라는 조직은 항상 도전에 직면해 있고, 이 도전에 대응하여 성과를 내는 것이 그 주된 역할이다. 변화는 현대의 본질적 특성이다. 시장과 산업, 고객 트렌드는 늘 변화의 중심에 있다. 그러면 제품이 바뀌고 회사 조직이 바뀌며 업무도 달라진다. 안정적인 일을 반복하면서 살수는 없다. 매 순간 새로운 과제가 주어진다. 이때는 도전에 나설 수밖에 없다.

신입사원에게는 더욱더 도전 정신이 필요하다. 취업 전형을 거쳐 직장에 들어가면 학교에서 배운 것이나 자신의 예상과는 다른 일을 하게 된다. 알고 있던 이론과는 달리 직장 내에서의 일은 특수한 상황에서 특정 인물 상대로 이루어진다. 이때 무엇을 어떻게 해야 할지 몹시 당황스럽다. 내가 전에 알던 한 젊은이는 영어를 무척 잘하는 학생이었다. 그는 입사 첫날 미국의 고객사로부터 쉬운 단어로만 이루어진 팩스 한 장을 받았는데, 문서의 내용이 무엇인지 그리고 어떻게 처리해야 할지를 몰라 쩔쩔맨 경험이 있다고 털어놓았다. 그 업종에서 쓰는 영어 단어의 의미가 자신이 지금껏 배운 것과는 달랐다는 것이다.

이런 직장에 근무하는 사람에게 도전 정신이 부족하다면 어떻게 될까? 자신에게 부여된 과제를 두려워하고 회피하며 남에게 미루고, 잘못되면 변명을 늘어놓을 것이다. 기독교 성서에 나오는 달란트 이야기는 널리 알려져 있다. 주인이 종들에게 각각 달란트(로마 화폐 단위, 1달란트는 남성 노동자 1년 급여)를 맡겼다가 시간이 흐른 후에 결산을 했다. 이때 가장 질책받은 사람은 그 달란트를 날려 버린 이가 아니었다. 혹시 실패할까 봐 겁이 나서 달란트를 땅에 묻어 두었다가 결산 때 그대로 돌려준 사람이었다. 이처럼 도전하지 않는 것은 그 자체로 삶에 대해 무책임한 것이며 삶을 방치하는 것이다.

기업들은 도전 정신을 갖춘 사람을 원한다. 취업의 관문에 선 젊은이들은 그들에게 자신이 도전 정신으로 불타는 사람임을 보여 주어야 한다. 취업하려고 나선 것 자체가 큰 도전이다. 세상과 자신을 보는 인식의 틀을 바꾸어야 하기 때문이다. 그러므로 이 도전을 받아들이는 것이 우선이다. 학창시절에는 누구든 배려받는 존재다. 학생이라는 이유로 허용된 것들이 많기 때문이다. 하지만 사회에 나가면 더는 그런 배려를 받을 수 없다. 학교에서는 지식을 배웠지만, 사회에서는 그 지식을 활용해서 일을 해야 한다. 학교와 회사는 다르다. 학창시절의 나를 버리고 사회에서 필요한 사람으로 나를 바꾸는 큰 도전에 직면하게 된다. 취업에 성공하고 싶다면 이 도전이 반드시 필요하다.

도전에 대처하는 방법

살아가는 동안 우리는 수많은 도전 과제를 만난다. 그것은 피할 수 없는 인생의 과정이다. 과제의 난이도와 그것을 헤쳐나가야 하는 나의 상태에 따라 선택은 달라진다. 무조건 피할 수도 없고 무조건 도전만 할 수도 없다. 내가 어떤 선택을 하는가는 나의 몫이다. 그리고 그 결과를 감당하는 사람도 나 자신이다. 그러나 사람은 애써 노력해서 긍정적으로 선택하지 않으면 부정적으로 생각할 확률이 높다고 한다. 즉, 도전하려고 마음 먹지 않는다면 도전하지 않는 쪽을 선택할 가능성이 높다는 것이다. 그렇지만 승리의 깃발을 거머쥐는 사람은 도전하는 쪽이다.

도전 과제를 극복하는 방법에는 두 가지가 있다. 첫 번째 방법은 '그냥 한다'이다. 너무 불안해하지 말고 도전을 자연스럽게 받아들여 실천하는 것이다. 살아가면서 우리가 하게 되는 도전의 대부분은 특별한 것이 아니다. 남들도 많이 하는 것들이다. 그러니 너무 걱정할 필요 없다. 그냥 하면 된다. 어린아이가 홀로 첫 걸음을 떼는 것은 아이 입장에서 보면 어마어마한 도전이다. 하지만 아이들은 발을 뗀다. 넘어져도 다시 일어나 또 발을 뗀다. 몇 번을 넘어졌는지, 앞으로 얼마나 더 넘어져야 제대로 걸을 수 있는지 헤아리지 않는다. 그냥 뗀다. 두렵지만 잡고 있던 부모의 손을 놓고 혼자 첫 걸음을 떼던 그 도전이 나를 걷고 뛰게 했다. 그랬던 내가 점점 자라면서 실패와 좌절을 두려워하게 된다. 그리고 상처를 입을까 무서워 도전하기를 주저한다. 하지만 괜찮다. 죽을 것 같이 두렵지만 막상 해보면 괜찮다. 해보면 안다.

두 번째 방법은 '차근차근 한다(step by step)'이다. 조선 시대 문장가 양사언은 이런 시조를 남겼다.

"태산이 높다 하되 하늘 아래 뫼이로다. 오르고 또 오르면 못 오를 리 없건마는, 사람이 제 아니 오르고, 뫼만 높다 하더라."

이 시조에 목표에 도전하는 태도와 방법이 잘 나와 있다. 도전해야 할 목표가 있다면 나의 현재 수준을 객관적으로 평가하자. 나의 도착점과 출발점을 표시했을 때, 그 차이가 너무 커서 도전할 엄두가 안 난다면 어떻게 해야 할까? 도전을 포기할까? 양사언의 말처럼 '오르고 또 오를' 계단을 만들어 한 걸음씩 오를 것인가? 아무리 큰 목표라도 그것을 짧게 잘라서 계단을 설정하면 도전은 크게 어렵지 않다. 걱정이 해결해 주는 것은 아무것도 없다. 걱정하지 말고 도전하자. 그냥 하자. 그리고 차근차근 계단을 밟아 가자.

나만의 도전 이야기를 만들자

나는 뛰어난 도전 정신을 갖추었는가? 내 도전 정신을 보여 줄 구체적인 이야기가 있는가? 가난한 환경을 극복하고 입시에 성공했거나, 국제 공모전에 도전해서 수상한 경험은 매우 좋다. 처약한 자신을 극복하기 위해 마라톤을 완주했거나 고소공포증을 극복하기 위해 번지점프를 시도한 소소한 이야기도 좋다. 어떤 대학생은 집중력이 떨어져 한 자리에 진득하게 앉아 공부하지 못했는데, 5시간 동안 자리를 떠나지 않고 공부한다는 목표를 세웠다. 그리고 첫날 1시간을 목표로 시작해서 매일 1시간씩 늘려가며 다섯째 날 5시간 동안 집중해서 공부한다는 목표를 달성했고, 그 이후 이것을 지켜나갔다는 이야기를 들려주었다. 이 역시 좋은 사례다.

이때 반드시 지켜야 할 점은 과장이나 거짓이 있어서는 안 된다는 원칙이다. 도전 정신을 보여 줄 이야기가 없다면 지금부터 만들면 된다. 직접 과제를 정하고 도전해서 도전 정신을 고취하고 성취감을 맛보는 것이다. 그리고 이 과정은 소중한 스토리가 된다. 이때 자신이 취업하고자 하는 업종과 관련 있는 도전이라면 더 효과적일 것이다.

우리 회사 거래처 직원과 함께 식사하면서 매우 흥미로운 이야기를 들었다. 다소 무모해 보이는 한 젊은이의 도전에 관한 내용이었다. 거래처 직원의 군대 동기인 그는 자동차를 아주 좋아했고 군대에서도 자동차 정비 쪽 보직을 맡아 열심히 일했다고 한다. 그는 공업계 고등학교 기계과를 나왔고 군대에서의 경험도 있었지만, 아직 자신이 많이 부족하다고 생각했다. 그래서 차 한 대를 완전히 분해해서 부품별로 사진을 찍고 이에 대한 설명도 덧붙여 스크랩북을 만든 후, 다시 정상적인 상태로 조립해 보기로 결심했다. 정말 어려운 과제였다. 가난한 젊은이가 자동차를 구하는 것부터 해체와 조립을 진행할 장소와 공구를 확보하는 것까지 난제투성이였다. 그러나 그는 차근차근 도전 과제를 수행했다. 폐차장에서 겨우 차를 구해서 친척이 운영하는 카센터에서 눈치를 보며 야간과 새벽 시간에 이 일을 진행했다. 그러나 아쉽게도 결과는 실패였다고 한다. 다시 조립한 자동차가 제대로 움직이지 않은 것이다. 하지만 이 젊은이의 도전에는 의미가 있었다. 그는 상당한 지식을 쌓았고, 평생의 자산이 될 자료를 얻었다. 한 청년이 이상한 짓을 한다는 소문이 나서 호기심의 대상이 되기도 했는데, 한 자동차 정비 업체 사장님이 그를 유심히 보고 채용을 결정했다. 이 젊은이는 그 직장에서 열심히 일했고, 야간 대학도 졸업했다. 15년의 세월이 흘렀고 그는 꽤 규모가 큰 자동차 공업사의 사장이 됐다. 이러한 그의 성공에는 젊은 시절의 도전이 큰 계기가 되었음은 두말할 나위가 없다.

7

성실하고 창의적인 사람

성실함 속에서 꽃피는 창의성

흔히 성실한 사람과 창의적인 사람을 구분해서 이야기하곤 한다. "그 사람은 창의적인데, 좀 게을러" "그 사람은 성실하지만 창의적인 아이디어가 부족해" 등과 같이 말이다. 그러나 나는 이 둘을 분리해서 생각하지 않는다. 창의성은 성실성 속에서 꽃핀다고 생각한다. 기업 인사 담당자들의 입장도 마찬가지다. 그들은 고도의 예술 세계에 살지 않고, 직장이라는 현실 세계에 거주한다. 그래서 성실하게 일하면서 그 과정과 결과를 창의적으로 만들 수 있는 인물을 채용하고자 한다. 그래서 취업에 성공하려는 사람은 자신이 성실하면서도 창의적이라는 것을 표현할 수 있어야 한다.

콩밥은 100% 콩으로만 지은 밥이 아니다. 쌀이 90% 이상 차지하고 콩이 10% 섞였을 때 먹기 좋고 맛있는 콩밥이 된다. 신제품이라고 출시

되는 제품들 중에서 100% 완전히 새로운 제품은 없다. 기존의 제품에 5% 정도의 신기술을 더했을 뿐이다. 삶에서도 모든 부분이 남과 다르고 톡톡 튀어야만 하는 것은 아니다. 대부분 남들과 같이 살면서 자기만의 것으로 만들 수 있는 5%의 차별성만 있으면 된다.

내가 전자 제품 만드는 기업의 연구소에서 일하던 신입사원 시절이었다. 그때 전자회로 설계 분야에서 함께 일하던 동료가 마음대로 회로 설계를 바꿨다가 상사에게 그야말로 피눈물이 날 정도로 혼나는 것을 본 적이 있다.

"여기가 자네 개인 실험실이야? 왜 멋대로 설계를 변경해? 이게 한두 개 만들고 마는 수제품이야? 몇만 대가 어디로 팔려나갈 지 알 수도 없는데 아프리카나 극지방으로 가서 제대로 작동 안 되면 그 손해를 어떻게 감당할 거야?"

펄펄 뛰는 상사 앞에서 그는 죄송하다는 말밖에 할 수 없었다. 그는 성실한 사람이었다. 하지만 맡은 일을 자기 나름대로 창의적으로 해보려고 설계를 바꿨다가 회사에 큰 피해를 줄 뻔했다.

회사는 성실한 사람을 원한다. 하지만 그 성실함은 일정한 틀 안에서 발휘되어야 한다. 회사는 엄격한 체계를 바탕으로 여럿이 함께 일하는 곳이기 때문이다. 혼자 빨리 하거나 혼자 늦게까지 붙잡고 있는 것은 바람직하지 않다. 그리고 특별히 더 좋은 결과를 내겠다고 엉뚱한 방법을 써서도 안 된다. 직원 각자는 전체가 아닌 과정 속의 일부분을 담당하고 있다. 그러니 전체 원칙과 룰을 지키면서 한걸음씩 걸어가는 성실함이 90%를 차지하게 하고 나머지 10%에서 창의성을 꾀해야 한다.

농경 사회와 산업 사회에서 요구했던 대표적인 덕목은 '성실'이었다.

하지만 21세기가 되었다고 해서 성실이 낡고 쓸모없는 덕목이 된 것은 아니라는 사실을 기억하자. 진짜 맛있는 콩밥이 되려면 쌀이 90% 있어야 하듯, 진정으로 창의적인 사람이 되고 싶다면 성실이 90% 뒷받침되어야 한다.

성실한 태도는 농사를 짓는 농부의 마음에서 나온다. 농사일에는 '제때' 맞춰 할 일을 '제대로' 하는 것이 중요하다. 가을날 풍성한 황금 들녘을 원한다면 자기 멋대로 농사를 지어서는 안 된다. 자연의 이치에 맞춰 겸손하게 씨를 뿌리고 정성을 다하는 마음으로 기른다. 모내기를 하기 전에 농부가 할 일은 파종하여 모판을 가꾸고, 모를 심을 수 있는 상태로 논을 정비하는 것이다. 그다음 논에 적당한 물을 채운 후 비로소 모심기를 한다. 여기까지가 준비 단계다. 모를 심어 놓은 다음에는 잘 자라도록 돌보는 단계다. 피를 뽑아 주고 장마나 가뭄을 대비해서 조치한다. 정성을 다해 자녀를 제대로 기르려는 부모의 마음과 마찬가지다. 자신의 정성과 수고로 벼가 쑥쑥 자라고 익어 가는 것을 보는 마음은 자녀의 성장을 바라보는 흐뭇함과 같다. 성실한 태도는 이런 마음이 있어야 가능하다. 열매를 거두는 단계가 되면 그제야 비로소 일을 마무리하고 뿌린 씨앗의 몇천 배가 넘는 수확의 기쁨을 누린다. 성실은 그렇게 마음을 다해 얻는 열매다.

성실성 훈련

일상에서 접하는 무슨 일이든 요행을 바라지 않고 순리대로 열심히 하는 방식으로 성실성을 익힐 수 있다. 막연하게 느껴질 수 있으니 구체적인 방법 한 가지를 소개하겠다. 신문 스크랩과 메모하는 습관을 기르는 것이다. 누구나 할 수 있는 쉬운 일이지만 매일 꾸준히 5개월 이상 계속해야 한다. 이 과정에서 성실성이 훈련된다.

매일 신문 기사를 훑어보면서 관심이 가는 기사나 목표로 삼은 분야의 기사를 오려서 스크랩하자. 신문에 있는 내용을 모두 읽으려면 시간이 너무 걸리니 제목과 소재 중심으로 보다가 눈길이 가는 몇 개의 기사만 선택하면 된다. 스크랩할 때 핵심 단어나 핵심 문장에 빨간 줄을 친 다음 발제해 보자. 발제는 두세 줄로 요점을 정리하고 기사 내용에 대한 나의 의견을 쓰는 방식으로 하면 된다. 처음부터 너무 길게 쓰면 나중에 부담스러울 수 있으니, 가볍게 매일 꾸준히 쓴다. 그러면 나중에는 길고 깊이 있게 쓸 수 있다. 이는 인터넷 신문으로도 할 수 있다. 블로그나 인터넷 스크랩 프로그램을 이용하면 가능하다. 이 외에도 성실을 훈련하는 방법은 많은데 굳이 신문 스크랩과 메모를 병행하는 것을 추천하는 이유는 그 나름의 효과가 있기 때문이다.

첫째, 나의 전문 분야를 만들 수 있다. 기사를 스크랩하다 보면 나의 관심 분야가 생긴다. 처음에는 별 생각 없이 했어도 나중에 모아 놓은 것을 보면 그 분야의 흐름을 알게 된다. 이것은 취업 면접 때나 취업 후 일을 할 때도 도움이 된다. 우리 회사의 직원 중 한 사람은 전혀 다른 직종에서 일하다 전직했다. 그런데 6개월 만에 우리 업계의 동향을 다 파악했다. 매일 아침에 검색 키워드를 몇 개 정해놓고 6개월 동안 자료를 검색해서 스크랩하고 자기 나름의 메모를 붙여 정리했다고 한다.

두 번째 장점은 성공적인 커뮤니케이션을 할 수 있다는 것이다. 회사 생활은 미팅의 연속이다. 크고 작은 미팅을 하면서 서로의 의견을 신속하게 주고받아야 한다. 시간은 한정되어 있고 결정해야 할 일은 많다. 엘리베이터를 타고 내릴 정도의 짧은 시간에 자신의 의견을 효과적으로 표현하는 능력이 중요하다. 신문 기사를 스크랩하고, 발제하고 요약해서 메모하는 훈련은 자신의 의견을 짧게 요약하는 능력을 길러준다. 결과적으로 효과적인 커뮤니케이션에 큰 도움이 된다.

셋째, 타인과 세상에 대한 폭넓은 대화가 가능해진다. 5개월이라는 기간 동안 매일 기사를 읽다 보면 세상의 흐름을 파악하게 된다. 그리고 기사 내용을 발제하면서 이슈를 찾고, 이슈에 대한 의견을 적으면서 세상을 보는 자신의 관점을 가질 수 있다.

꼭 신문 스크랩과 메모가 아니더라도 취업에 긍정적인 효과가 있으면서 꾸준히 할 수 있는 과제를 찾아 차근차근 수행하며 성실을 훈련하자. 그리고 그 과정에서 제법 유용한 소득이 있음을 체험해 보자.

진정한 창의성

앞에서 말했듯 직장에서의 창의성은 조직 체계 안에서 성실성을 바탕으로 이루어진다. 무조건 튀는 것이 창의성은 아니다. 창의성은 남다른 시각과 발상의 전환을 요구한다. 그렇지만 분명한 방향이 있어야 한다. 창의성에 대해 교육받은 한 젊은 영업 사원이 홍대 앞 클럽에서나 볼 수 있을 법한 헤어스타일을 하고 고객을 만났다. 그러나 그 고객은 매우 불쾌한 느낌을 받았다고 한다. 그 영업 사원은 창의성에 대해 오해하고 있었던 것이다. 고객이 고루하다고 말할 수는 없다.

물론 그의 시도가 영업 사원에 대한 고정관념을 깨는 새로운 행동인 것은 확실하다. 그러나 영업 사원에게 가장 중요한 신뢰감을 주는 데는 실패했다. 예의가 없다거나 고객인 자신을 무시한다는 느낌을 주었기 때문이다.

그래도 복장은 단순한 문제다. 삶이나 사회의 규칙에 대해 이런 식으로 잘못된 창의성을 추구하면 문제가 심각해진다. 조화를 해치기 때문이다. 래프팅할 때, 창의적인 방식이 필요하다며 혼자 일어서서 노를 젓겠다고 우기면 배가 뒤집어지는 것과 같다. 사회는 늘 새로운 방향으로 변화해 간다. 변화의 속도도 빨라진다. 하지만 기본적으로 그 사회가 요구하는 사회적 예의라는 게 있다. 그러므로 너무 넘치지도 너무 부족하지도 않게 조화와 균형을 맞추면서 창의성을 꾀하는 것이 현명하다.

한편, 창의적인 사람은 노력하지 않아도 된다고 생각한다면 큰 착각이다. 돈 되는 아이디어를 족족 내놓는 사람은 굳이 열심히 공부하거나 일하지 않아도 되며, 반복적인 공부나 일은 경직성을 불러와 새로운 아이디어 창출을 막는다고 생각하는 사람들이 있다. 그러나 내 생각은 다르다. 아이디어는 기존의 지식을 바탕으로 생기고, 기존 지식을 통해 구체화된다. 검증하는 절차도 필요하다. 따라서 성실히 공부하고 일하는 바탕이 갖춰졌을 때 제대로 된 아이디어가 탄생하고 심화되는 것이다.

창의성은 타고나기 때문에 훈련을 통해 기를 수 없다는 관점도 극복해야 한다. 현대 심리학자들이 창의성에 대해 연구한 결과는 창의성이 형성되고 길러지는 다양한 과정을 보여 주고 있다. 물론 창의성에는 유전적 요인도 작용하고 성장 환경에 의해 결정되기도 한다. 하지만 훈련 프로그램을 통해 상당한 수준까지 창의성을 기를 수 있음이 입증됐다.

진정한 창의성은 방향성을 가지고 고정관념을 극복하는 것이다. 예를 하나 들어 보자. 나는 멘토링 프로그램을 운영하면서 이런 질문을 던지곤 한다.

"이 빨간 벽돌로 무엇을 할 수 있을지 생각나는 대로 말해 보세요."

여러 가지 대답이 나온다. "집을 짓는다." "화단을 만든다." "화분 받침대로 쓴다." "물건을 눌러 놓는다." 그런데 이런 대답들은 곧 그치고 만다. 벽돌을 원형 그래도 사용한다는 고정관념에 갇혀 있기 때문이다. 그런데 이 고정관념을 깨면 다양한 쓰임새를 상상할 수 있다. 빨간 벽돌을 곱게 부시면 소꿉장난할 때 고춧가루로 쓸 수 있고, 물에 개면 그림을 그릴 수도 있다. 필요하다면 성분을 분해해서 모래만 쓸 수도 있고, 조각 작품을 만들 수도 있다. 이것이 새로움을 추구하는 생각, 즉 창의적 사고다.

창의적인 사람은 호기심이 많다. 남들이 무심히 지나치는 것들도 호기심을 가지고 들여다본다. 봄날에 꽃이 피는 것은 자연스러운 현상이다. 들판이나 꽃집에는 다양한 색깔의 꽃들이 있다. 그런데 창의적인 사람들은 그런 꽃들을 보면서 의문을 가진다.

"왜 꽃의 색깔이 다를까? 어떤 차이가 꽃 색깔을 다르게 하지?"

의문점을 가지고 계속 파고든 사람들은 꽃의 색을 결정하는 요소가 무엇인지 알아낸다. 이 과정에서 생물학적인 지식이 필요했을 것이다. 시험을 치르기 위한 공부는 지루할 수 있지만, 스스로 궁금해서 공부하면 그것도 재밌는 놀이가 된다. 결국 호기심 많고 끈질긴 사람들이 색소를 넣어 꽃의 색을 바꾸는 데 성공했다. 파란색 튤립, 검은색 장미 등은 그런 사람들이 만들어낸 새로운 꽃이다.

창의적인 사람은 부지런한 행동가다. 호기심은 많지만 게으름 때문에 떠오르는 아이디어나 중요한 아이템들을 현실로 만들지 못하고 흘려보내는 사람들도 있다. 이들은 결과를 만들어내지 못한다. 그러나 진짜로 창의적인 사람들은 사소한 아이디어라도 적극적으로 파고드는 추진력이 있다. 그들은 게으를 틈이 없다. 궁금증을 해결하기 위해 행동하기 바쁘다. 자료를 찾고, 공부하고, 실험하고, 실패하고, 다시 도전하기를 반복한다. 그래서 결과를 만들어낸다. 행동이 뒷받침되지 않는 호기심은 열매 맺지 못한 채 땅속에서 죽는 씨앗과 같다.

브레인스토밍을 통한 창의성 훈련

생활 속에서 창의성을 훈련하는 방법 중 효과적인 것으로 브레인스토밍이 있다. 때와 장소를 가리지 않아도 되고, 혼자 또는 여럿이 함께 놀이 삼아 해도 괜찮다. 휴대전화의 메모리 기능을 활용해서 브레인스토밍 내용을 메모하는 훈련도 함께 하면 더욱 좋다. 구체적인 내용은 다음과 같다.

① 특정 장소에서 직관적으로 문제점 다섯 가지 발견하기

처음 가는 식당에 들어섰을 때, 한번 휙 둘러본 다음 이 식당의 문제점 다섯 가지를 적는다. 처음에는 넓은 시각으로 보고, 나중에는 좁은 시각으로 본다. 입지, 상권, 청결도, 메뉴의 적절성, 종업원의 서비스부터 음식의 맛, 재료의 신선함, 그릇의 재질까지 조사해 본다. 다 적은 뒤에는 문제점을 해결할 수 있는 대안을 찾아본다. 입지 문제를 극복할 수 있는 방법, 약한 주변 상권을 살릴 수 있는 방법 등 하나하나 대안을 만들어 보자. 단, 이때는 내가 손님이 아닌 주인의 입장이 되어야 한다. 그래야 현실적인 대안이 나온다. 그래도 시간이 남으면 거꾸로 그 식당의 발전 가능성 다섯 가지를 발견하는 데 도전해 보자.

② 불편한 것 찾아보기

지하철이나 버스를 타고 갈 때, 적당히 흔들거리는 그 환경이 브레인스토밍에 적합하다. 꾸벅꾸벅 졸지 말고 눈앞에 보이는 것들 중에서 불편한 것을 찾아본다. 이때는 절박함이 필요하다. 예를 들면 노인의 입장이 되어 스마트폰의 불편함을 찾을 수 있다. 화면이 작다, 무겁다, 센서가 너무 예민하다, 기능이 복잡하다, 손에 들고 다니다가 잃어버리기 쉽다 등이 그것이다.

불편한 점을 적고 이것 역시 하나하나 대안을 만들어 보자. 화면을 크게 하기 위해 종이처럼 접었다 펴는 방법, 좀 더 가벼운 스마트폰의 재료가 있는지, 센서의 반응을 조절할 방법이 있는지, 노인들이 주로 사용하는 기능만 넣은 노인 전용 스마트폰을 만든다면 노인들에게 환영받을 수 있을지, 목에 거는 방법 말고 삐삐처럼 허리에 차는 스마트폰은 어떤지 등 다양하게 생각해 볼 수 있다.

③ 제품의 구성 요소를 나눠 보기

고장 난 라디오나 청소기, 휴대전화, 카메라 등의 전자 제품뿐만 아니라 프라이팬, 냄비, 책, 파일, 볼펜 등 다양한 제품을 낱낱이 분해해 본다. 분해한 구성 요소를 늘어놓고 어떤 요소가 왜 필요한지 생각한다.

그리고 합칠 수 있는 것은 합치고, 꼭 없어도 되는 것은 없애는 상상을 해본다. 부품 수를 줄이고도 같은 기능을 할 수 있다면 그 제품의 제조 원가가 줄어들기 때문이다. 라디오와 청소기, 냄비와 카메라 등 다른 기능을 하는 제품의 구성 요소를 합치면 어떤 제품이 나올지 상상하는 것도 재미있고 효과적이다.

④ "왜 그럴까?" 자문자답 게임

나보다 공부를 더 열심히 하는 것 같지도 않은데 학점이 잘 나오는 친구가 있다. 그 친구를 생각하며 속만 태우지 말고, 종이 한 장을 놓고 "왜 그럴까?" 자문자답 게임을 해보면 흥미로울 것이다. 공부 방법이 다른가? 효율성에 차이가 있나? 내가 기초가 부족한가? 이 중에서 내가 고칠 수 있는 것은 무엇인가? 그것들 중에서 내가 가장 쉽게 고칠 수 있는 것은 무엇인가? 이 게임의 규칙은 내가 할 수 있는 일을 선택할 때까지 계속한다는 것이다.

⑤ 사물과 상황을 다른 각도, 다른 입장에서 보기

예를 들어 사무실 책상 옆에 놓인 휴지통을 보면서 여러 사람의 입장에서 생각할 수 있다. 깔끔한 여직원 A라면 내용물이 보이거나 냄새가 나지 않도록 뚜껑이 닫혀 밀폐되는 것을 원할 것이다. 문서 업무가 많은 B라면 휴지통과 문서 세단 기능이 통합된 것이 좋다. 사무실을 청소하는 용역 회사 직원은 휴지통 안쪽에 오물이 잘 묻지 않도록 코팅 처리된 것을 원할 것이다. 사무실 인테리어에 신경을 쓰는 C는 사무실 전체 환경과 시각적으로 잘 조화를 이루는 형태의 휴지통을 선호할 것이다.

이런 방식의 창의성 훈련을 자주 하면 실제로 유용한 아이디어를 얻을 수도 있고 면접관의 갑작스러운 질문에 적절하게 대처할 수 있으니 꾸준히 해볼 것을 권한다.

8

긍정의 힘을 가진 사람

태도는 그 사람이 어떤 방식으로 세상을 사는지 보여 주는 삶의 방향성이라고 할 수 있다. 취업하려는 젊은이에게 태도는 매우 중요하다. 회사는 그 사람이 일을 '잘' 하느냐도 중요하게 생각하지만 '어떻게' 하는지도 진지하게 고려하기 때문이다. 여기서는 각 기업의 인사 담당자들이 중요하게 생각하는 신입사원의 태도에 대해 긍정, 열정, 자기 주도성이라는 주제로 나누어 알아보도록 하겠다.

현실적인 긍정성

'긍정적'이라는 말은 자기 자신과 상황, 대상을 좋은 쪽으로 바라본다는 의미다. 흔한 비유로 반쯤 차 있는 물잔을 보고 "물이 반이나 남았다"고 생각하는 자세가 긍정적이다. 그러나 긍정에는 현실성이 있어야 한다. 현실을 왜곡한 긍정은 망상에 지나지 않는다. 긍정은 실현 가능성을 높여 가는 기본적인 마음가짐이다. 실현 가능성을 높이려면 자기 역량과 구체적인 행동이 반드시 뒤따라야 한다. 즉, 현실 속에서 균형 잡힌 긍정이란 이로운 방향으로 나아가면서 자기 역량에 맞는 장단기 목표를 세우고 그 목표를 이루기 위한 구체적인 행동이 뒤따르는 것이다.

긍정적인 사고와 태도를 가지면 일을 하는 데 움직일 수 있는 에너지가 생긴다. 가능하면 해보자는 쪽으로 생각하면 웬만한 어려움은 뛰어넘을 수 있다. 그렇다면 이런 긍정성은 어디에서 오는 것인가? 바로 자신감이다. 자신감은 작은 성공 경험이 쌓여서 만들어진다. 작은 성공 경험은 구체적이고 작은 목표를 세우고 짧은 기간 안에 그것을 이뤄냄으로써 생긴다. 성공 경험은 매우 짜릿하고 즐겁다. 어떤 것이든 좋으니, 작은 성공을 기획하고 도전하여 성공 경험을 만끽하자. 삶이 재밌어진다.

예를 들어 매일 20분씩 일주일 동안 줄넘기를 하겠다는 목표를 세우고 도전해 보자. 하루 성공하면 달력의 날짜에 동그라미 표시를 하자. 하루, 또 하루가 지나면서 마침내 일곱 개의 동그라미가 달력에 그려졌을 때 기분이 어떤지 느껴 보자. 나는 성공한 사람이다. 다시 일주일 줄넘기 프로젝트에 도전하자. 이번에는 줄넘기 시간을 25분으로 늘려 보자. 그리고 다시 하루하루 성공을 경험하자. 다시 달력에 일곱 개의 동그라미가 그려진다면 달력에 그려진 성공의 기록을 보는 것만으로도 뿌듯해질 것이다. 동시에 나 자신이 꽤 믿을 만한 존재로 느껴진다. 그것이 스스로(自)를 믿는(信) 마음, 자신감(自信感)이다. 작은 성공은 큰 성공으로 가는 길에 놓인 사다리다. 한 칸 한 칸 타고 오르면 힘든 줄 모르고 재밌게 갈 수 있다. 그런데 큰 성공을 한꺼번에 이루려는 욕심에 작은 성공을 외면하면 아무것도 못할 수 있다.

긍정성을 키우기 위한 훈련으로 '좋은 점 찾기'와 '기회 요인 찾기'가 있다. 좋은 점이 있으면 나쁜 점도 있다. 기회 요인이 있으면 위험 요인도 있다. 긍정은 나쁜 점과 위험 요인을 무시하거나 피하지 않는다. 긍정은 좋은 점을 극대화하고 나쁜 점은 최소화할 방안을 찾는 것이다. 긍정은 기회 요인과 함께 위험 요인을 찾아 그에 대비하거나 보완할 수 있는 방법을 연구하는 것이다.

'좋은 점 찾기'는 예를 들면 '우리 동네의 열 가지 자랑거리' '우리 아버지의 좋은 점 열 가지' 등과 같이 특정 대상에서 좋은 점을 찾아내는 훈련이다. 이렇게 자랑거리나 좋은 점을 찾기 위해서는 먼저 자기가 사는 동네와 아버지에 대해 잘 파악해야 한다.

'기회 요인 찾기'는 신문 기사 등의 정보에서 기회를 찾는 훈련이다. 예를 들어 대학 등록금을 국비로 지원할 예정이라는 신문 기사가 있다면, 여기서 기회 요인은 무엇인가? 공부하고 싶은 학생들이 등록금 걱정 없이 공부해서 나라의 인재가 되는 것이다. 그렇다면 등록금을 지원할 국비는 어떻게 마련할까? 아마도 세금을 더 걷게 될 것이다. 그렇다면 세금이 늘어나는 것은 그 기사에서 발견할 수 있는 위험 요인이다. 기회 요인과 위험 요인을 잘 살펴 조화롭게 문제를 해결하는 것, 이것이 긍정이다. 긍정은 이렇듯 현실을 외면하는 눈먼 상태가 아니다. 긍정은 나의 현실을 직시하고 그 속에서 가능성을 발견해서 그 가능성에 물을 주는 일이다.

행동을 부르는 열정

열정은 어떤 일에 뜨거운 애정을 가지고 열중하는 마음을 뜻한다. '위대한 일 중에서 열정 없이 이루어진 것은 없다'는 말이 있듯 불타는 집중력은 높은 성과를 만드는 원동력이다.

열정은 행동을 부른다. 마음과 행동은 서로 연결되어 있기 때문이다. 사랑에 빠졌던 때를 돌아보면 확실히 알 수 있다. 그 사람을 만나기 위해서라면 먼 거리나 환경, 여건을 탓하지 않았다. 사랑하는 사람을 본다는 목적을 이루기 위해서는 어떤 것도 변명거리가 되지 않았다. 세상만사를 심드렁하게 보던 사람도 사랑에 빠지면 행동이 변한다. 행동의 변화를 유발하는 강한 마음, 즉 열정이 생겼기 때문이다. 사람을 사랑하는 것처럼 일을 사랑한다면 회사에서도 행복할 수 있다. 그런 사람은 금방 표시가 난다.

열정이 있는 사람은 계획을 세운다. 타임머신을 타고 연말로 가서 내가 세운 계획이 이루어지는 장면을 상상하며 계획을 실천한다. 그리고 목표를 꼭 이뤄야 하기 때문에 반드시 중간 점검을 한다. 그래서 목표와 현실의 간격을 파악하고 문제점을 찾아 해결한다. 또한 열정이 있는 사람은 자신이 추진하는 일에 '된다'는 확신을 가지고 될 때까지 포기하지 않는다. 열정이 있는 사람은 목소리나 표정, 행동에서 에너지가 느껴진다. 걸음걸이가 빨라지고, 목소리가 높아지며, 누웠다가도 벌떡 일어날 수 있을 만큼 에너지가 넘쳐난다.

그리고 열정이 있는 사람은 하루가 너무 짧고 한 달은 너무 길다고 말한다. 매일 해야 할 일을 미루지 않고 하려면 하루가 짧을 수밖에 없다.

하지만 그렇게 한 달을 보낸 뒤에 뒤돌아보면 한 일이 너무 많아서 놀랄 정도다. 반면 열정이 없는 사람에게 하루는 너무 길고 한 달은 너무 짧다. 의미 있게 바쁜 하루를 보낸 사람은 세월을 탓하지 않는다. 그렇지 않은 사람은 세월을 탓하고, 세상을 탓하고, 주위 사람을 탓하면서 시간을 보낸다.

또한 열정이 있으면 긍정적으로 말하게 된다. 변명 대신 하는 쪽, 되는 쪽으로 말하려 한다. 그리고 하기로 한 일이나 해야 할 일에 모든 것을 걸고 집중한다. 간혹 "나도 할 때는 열심히 해"라고 말하는 사람들이 있다. 그러나 그것은 진짜 열정이 아니다. 열심히 하고 싶을 때 열심히 하는 것은 당연하다. 진짜 열정은 지속적으로 관리해서 꺼지지 않는 횃불과도 같다.

열정을 표현하는 진짜 도구는 말이 아니라 행동이다. 나의 행동이 열정적인 사람의 행동과 거리가 멀거나, 마음과는 달리 행동이 뒤따르지 않는다면 어떻게 해야 할까? 답은 간단하다. 마음과 환경을 바꾸어 보고 '해야 할 일 목록'을 만들자. "내가 바뀌면 100%가 바뀌고, 상사가 바뀌면 50%가 바뀌고, 아랫사람이 바뀌면 20%가 바뀐다"는 말이 있다. 덧붙여 환경이 바뀌면 20~50%가 바뀐다. 환경과 사람의 변화가 섞이면 상승효과가 있다. 물론 지금 있는 자리에서 기존에 하던 일을 하면서 행동만 바꾸기는 쉽지 않다. 그럴 때는 바뀐 행동을 할 수밖에 없는 환경 속으로 나를 밀어 넣는 게 좋다. 새롭게 만들어진 환경에서 새로운 행동을 할 가능성이 높기 때문이다.

그리고 열정을 불러일으키는 의식이나 새롭게 시작하는 의식을 하는 것도 좋다. 나는 아침에 일어나면 제일 먼저 씻고 면도를 한다. 면도는 밤에 자란 수염을 깎는 단순한 행위에 불과하지만, 나에게는 새로운 오늘을 여는 의식이다. 면도를 하고 나오면 아침 식사를 하기 전에 베란다로 나가 화분에 물을 준다. 화분에 물 주는 의식은 나에게 활력을 준다. 내가 준 물을 먹고 하루하루 미세하게 자라고 있는 생명체가 내뿜는 기운을 마음껏 들이킨 후 비로소 하루를 시작한다. 이렇듯 면도와 화분에 물 주기는 나의 열정을 불러일으키는 의식이다. 사람마다 다르겠지만 일상에서 크고 작은 의식을 지켜 가는 것도 행동을 변화시키는 데 도움이 된다. 그만큼 마음가짐에 영향을 주기 때문이다.

균형 잡힌 자기 주도성

자기 주도성은 자신의 인생을 자기 것으로 만드는 것이다. 자기 주도성이 있으면 다른 사람이나 시류에 편승하지 않고 자신만의 목표와 방법으로 과제를 능동적으로 처리한다. 그러나 이는 '자기 마음대로 하는' 독선과는 다르다. 자신이 속한 곳에서 조화와 균형을 중시한다. 회사 내에서 자신이 책임지지도 못할 일을 내키는 대로 하는 것은 독선이다. 그러나 스스로 자신의 역할을 인식하고 다른 사람과 원활하게 의사소통하며 책임감 있게 업무를 진행하는 것은 자기 주도성이 있는 것이다. 이런 분명한 차이를 인식해야 한다.

자기 주도적인 사람은 말하는 태도부터 다르다. 문제가 있을 때, 스스로 "내 탓"이라고 말한다. 문제의 원인이 '나'에게 있다고 생각하기 때문에 해결하기 위한 행동 계획도 '나'로부터 시작된다. "제가 이러이러해서 문제가 생겼으니 제가 이러이러하게 하겠습니다. 저를 이러이러하게 도와주십시오"라고 말한다. 하지만 자기 주도적이지 않은 사람은 핑계를 댄다. 수동적이고 피동적이다. 일이 잘못된 이유를 타인이나 상황 탓으로 돌린다. 그러니 다른 사람이나 상황이 변하지 않는다면 문제를 해결할 길이 없다.

또한 자기 주도적인 사람은 안정적인 자세를 취하고 눈의 초점을 맞춘다. 눈은 마음의 창이다. 마음이 안정되고 자신감이 있는 사람은 상사나 고객과 대화할 때에도 안정적인 자세로 상대와 눈을 맞춘다. 하지만 반대의 경우는 마음이 겉으로 드러난다. 감언이설을 늘어놓는 중에도 눈은 초점 없이 좌우로 흔들리고, 상대의 반응에 따라 자신의 의견을 바꾸기 위해 계속 눈치를 본다. 그러는 사이에 자기도 모르게 어깨가 움츠러들고 손발을 떨기도 한다.

자기 주도적인 사람은 지적을 겸허하게 수용하고 자신의 부족함을 인정한다. 부족함을 인정하고 발전적으로 고치면 된다고 생각하기 때문에 지적해 준 상대에게 고마워하는 경우도 있다. 하지만 독선적인 사람은 자기가 완벽한 존재인 것처럼 착각한다. 자신이 항상 옳다고 생각하기 때문에 늘 누군가의 잘못을 지적하고 충고하는 데 익숙하다. 따라서 누군가 자신의 잘못이나 단점을 지적하고 고칠 것을 권하면 과민 반응을 보인다. 자신의 허점이나 잘못을 인정하면 죽을 것 같고, 자신이 쌓아온 성이 무너질 것 같아 두렵기 때문이다.

시간 약속을 잘 지키는 것 또한 자기 주도적인 사람들의 특징이다. 학교 다닐 때, 자기 주도적인 학생은 강의 시간보다 일찍 도착해서 수업을 준비한다. 수업 준비라는 게 거창한 것이 아니다. 강의 시작 전에 10분만 투자해서 지난 수업 때 배운 것과 오늘 수업에서 배울 것을 훑어보면서 강의를 들을 마음의 준비를 하는 것이다. 이런 학생들은 직장 생활을 할 때도 출근 시간보다 먼저 나와 일할 준비를 한다. 반대로 학교 다닐 때, 늘 허겁지겁 지각을 일삼던 학생은 회사에서도 그럴 확률이 높다.

그뿐 아니라 자기 주도적인 사람은 업무 지시를 받았을 때, 자기 일을 끝마친 후에 시간이 남으면 시키지 않아도 옆 사람의 일까지 돕는다. 옆 사람과 함께 배를 탔다고 느끼기 때문이다. 그러나 정반대인 사람은 시킨 일만 한다.

당신은 자기 주도적인 사람인가? 그렇지 않다는 판단이 들면 이제 태도를 바꿀 때가 됐다. 어느 회사가 조직에 얹혀서 먹고 살겠다는 생각을 가진 사람을 채용하겠는가? 이것은 쉽지 않은 일이다. 사람은 특별한 변화의 계기가 없으면 대개 자기가 살아온 연장선 상에서 살아가기 때문이다. '나' 스스로 변화를 훈련하지 않으면 익숙한 사고와 행동 패턴이 '나'를 조종한다. 자기 주도적이지 못한 대부분의 사람들은 자기 인생을 손님처럼 살아왔을 가능성이 크다. 어디서나 크게 문제를 일으키지는 않지만 그렇다고 무엇인가를 적극적으로 해본 적이 없이 살아왔다면, 마음은 없이 몸만 가 있는 패턴에 익숙한 사람이라면, 이제부터라도 삶의 패턴을 바꿔 보자.

인생의 주인이 되는 법은 작고 사소한 것에서 시작할 수 있다. 학원에 다니며 학원 강사의 강의를 듣는 데서 공부를 끝내던 사람은 일단 학원을 끊자. 요즘은 혼자 공부할 수 있게 구성된 좋은 교재가 많다. 혼자서 일정한 기간과 학습량을 고려한 진도 계획표를 짜서 공부를 해보자. 너무 장기적인 계획을 짜면 누구라도 중도에 포기할 가능성이 높다. 나의 학습 습관이나 학습 패턴을 근거로 반드시 성공할 수 있는 계획을 짜

자. 그리고 반드시 성공하자. 1차 프로젝트가 성공하면 2차에 도전하자. 낮은 계단을 여러 개 만들어 한 계단 한 계단 성공 경험을 쌓자. 해보지 않았던 패턴이므로 처음에는 당연히 전학 온 학생처럼 어색할 것이다. 하지만 일방적으로 강의를 듣는 데만 익숙했던 패턴이 스스로 공부하는 패턴으로 바뀌기 시작하면 무엇과도 바꿀 수 없는 짜릿한 기쁨을 느낄 것이다. 그것이 바로 내 삶의 주인으로 사는 기쁨이다.

긍정적이고 열정적이며 자기 주도적인 태도를 갖춘 사람으로 변신을 시도하자. 내 속에 잠재된 이런 요소들을 훈련을 통해 이끌어내자. 그리고 입사 전형의 모든 과정에서 내가 바람직한 태도를 갖춘 훌륭한 인물임을 드러내자.

9

뛰어난 업무 능력을
갖춘 사람

일 잘한다는 의미

"직장에서 일 잘한다는 것이 무엇일까?"

나는 취업 준비생들을 교육할 기회가 있을 때마다 이런 질문을 던진다.

"기획서 같은 문서를 멋지게 작성하고, 화려한 슬라이드 자료를 만들어 프레젠테이션하고, 컴퓨터를 잘 다루고, 외국 바이어와 능숙하게 대화하는 것 아닐까요?"

직장 생활을 경험하지 못한 취업 준비생들은 대개 이런 식으로 대답하곤 한다. 그래서인지 취업 준비도 이런 부분에 많이 맞춰져 있다. 우리 회사가 관리하는 인턴사원 중에는 컴퓨터 등 실무 관련 자격증을 준비한다며 근무를 중도 포기하는 사람들도 있다. 나는 그때마다 그의 우선순위 판단이 잘못된 것은 아닌지 걱정스럽다. 물론 일 잘하는 것에 대한 이들의 관점이 아예 틀린 것은 아니다. 하지만 뭔가 많이 빠져 있는 느낌이다. 기술적인 측면에 집중하는 것은 일할 때 필요한 도구를 잘 활용한다는 데 그치기 때문이다. 취업 준비생들의 일반적인 짐작과는 달리, 대부분의 회사들은 입사 지원자들에게 높은 수준의 업무 기술을 요구하지 않는다. 그것이 가치를 생산하는 일의 본질과는 다소 거리가 있을뿐더러, 상당수는 처음부터 다시 배워야 하기 때문이다.

직장에서 진정으로 일을 잘하려면 높은 부가가치를 생산해내야 한다. 그런 성과를 위한 과정을 잘 이끌어가는 것이 바로 일 잘하는 사람의 특징이다. 그러므로 입사 전형에서 지원자의 업무 능력을 평가할 때는 가치 생산에 대한 비교 우위가 기준이 된다. 쉬운 예를 하나 들어 한 명을 뽑는 자리에 열 명의 지원자가 있다고 하자. 현재 이들은 가치 제로(0)의 상태이다. 그래서 특별히 누군가를 선택해야 하는 당위성은 없다. 그래서 이들이 얼마나 이득을 낼지 혹은 손해를 낼지 비교하며 평가한다. 지원자가 자신의 가치를 주장하는 방법은 두 가지다. 똑같은 자원을 투입했을 때 다른 사람보다 더 좋은 결과를 내거나, 똑같은 결과를 낼 때 더 적은 자원을 소비하는 것이다.

가치를 생산하는 사람은 그 일의 목표에 대해 분명하게 이해할 줄 알고, 성과 지향적이며, 욕심이 있다. 원가 의식이 투철해 비용을 줄이고 일정을 단축할 방법을 찾는다. 그러기 위해서 솔선수범하고 시장과 고객의 변화에 예민한 특징이 있다. 업무 기술은 그다음 문제다. 높은 수준의 부가가치를 창출할 수 있는 자질을 갖추는 것이 급선무다.

핵심 파악 – 수행 – 보고

회사가 원하는 업무 능력을 간단히 말하자면 업무 과제의 핵심을 파악하고, 이를 목표에 맞게 실천적으로 수행하고, 일의 과정과 결과를 잘 보고하는 능력이다. 직장 내 업무는 이 과정을 반복한다.

핵심 파악은 상대의 말귀를 잘 알아듣는 것에서 출발한다. 말귀를 못 알아듣는 사람과 일을 하면 같은 일을 여러 차례 수정해야 하는 경우가 생긴다. 학교에서 팀 과제했을 때를 생각해 보면 함께 방향을 정하고 역할 분담을 했는데 결론적으로는 배가 산으로 간 경우가 있지 않았는가? 본인은 열심히 했으니 인정해 달라고 하겠지만, 팀 전체로 보면 시너지가 나지 않을 뿐만 아니라 다른 사람들이 해 온 내용과 조화를 이루지 못해 오히려 팀 성적에 악영향을 끼칠 수도 있는 것이다.

말귀를 못 알아듣고 엉뚱한 이야기만 늘어놓는 사람을 보면 하려는 의지가 없거나 그 일을 수행할 능력이 없는 경우다. 예를 들어 공부하려는 마음이 없어서 수동적으로 시간만 보내고 있는 정도라면 그 사람에게 팀 과제는 큰 의미가 없다. 관심이 없으니 잘 들으려 하지 않고, 자기에게 주어진 일 외에는 할 마음도 없다. 공동 과제라면 당연히 공동의 목표에 초점을 맞춰야 하는데, 이런 경우는 공동 목표와 상관없이 나에게 주어진 일만 처리하겠다는 마음이다. 하지만 주어진 일을 제대로 처리하려면 반드시 공동 목표를 머릿속에 두고 일을 해야 하기 때문에 최선의 결과를 만들 수 없다. 또한 과제를 수행할 능력이 없어도 말귀를 못 알아듣는다. 컴퓨터를 잘 모르는 사람에게 컴퓨터에 관한 과제를 주는 것과 같다. 내용을 모르기 때문에 못 알아들을 수밖에 없다.

회사에서 하는 보고에는 사전 보고, 중간 보고, 사후 보고가 있다. 사전 보고는 일을 하기 전에 "이러이러하게 하겠습니다"라고 하는 보고다. 중간 보고는 일이 진행되는 과정을 중간에 보고하는 것이고, 사후 보고는 일이 마무리된 후 "이러이러하게 되었습니다"라고 보고하는 것이다. 회사는 항상 일이 기획되고, 진행되고, 평가되는 곳이기 때문에 보고를 통해 정보를 공유해야 생산성을 높일 수 있다. 상사에게 보고할 때는 일의 전 과정을 행동 지향, 성과 중심으로 짧고 간략히 해야 한다. 일을 하기 위해 모인 조직에서 중요한 능력은 상대의 요점을 빨리 파악하고 내가 한 일의 결론을 빨리 말하는 것이다. 회사는 친목 모임이 아니라 목적 지향적인 조직이기 때문이다.

위와 같은 업무 의사소통 능력을 기르기 위한 방법으로 '메모-반문-질문'의 프로세스를 거치는 훈련이 필요하다. 예를 들어 인턴이나 아르바이트 근무를 하다가 업무 지시를 받을 때의 상황을 생각해 보자. 먼저 지시받은 내용을 수첩에 메모한 후에 내가 듣고, 이해한 것을 정리해서 말한 다음 "제가 이러이러하게 이해하면 되겠습니까?"라고 반문하는 훈련을 하는 것이다. 반문하기 위해서는 상대가 내게 전달하려고 한 핵심을 정리해서 요약해야 한다. 이 과정을 통해 상대가 전달하고자 한 핵심이 나에게 잘 전달되었는지 파악할 수 있다. 그런 다음 상대가 놓친 부분을 질문하면 된다. 일을 시키고 언제까지 하라는 말이 없었다면 "그러면 이 일을 언제까지 하면 되겠습니까?"라고 질문하는 것이다.

합리적인 문제 해결 능력

직장 생활은 어떤 면에서 문제 해결 과정이라 할 수 있다. 시시각각 문제가 일어난다. 일상적으로 벌어지는 문제의 상황도 조금씩 다르고, 대응해야 할 상대도 다르다. 더구나 학교에서 시험 보던 것처럼 정답이 있는 것도 아니다. 문제를 어떻게 해결하느냐에 따라 일의 결과가 달라질 수 있다. 그래서 기업들은 문제 해결 능력이 있는 사람을 채용하려 한다. 구체적인 예로 면접에서 어떤 특정한 상황을 제시하고 그 해법을 요구하는 질문이 자주 등장하는데, 이는 지원자의 문제 해결 능력을 시험하는 과정이다.

문제를 해결하는 자세 중 최악의 해법은 문제를 회피하는 것이다. "직장 동료 중 한 사람이 부서 내에서 집단 따돌림을 당하고 있다는 사실을 알았습니다. 어떻게 하시겠습니까?"와 같은 질문에 "제가 그런 것 아닌데요"라고 답했다는 우스갯소리를 많이 들어 보았을 것이다. 그러나 마냥 웃고 넘길 이야기는 아니다. 어떤 문제에 부딪힐 때 자신의 책임이 아니라는 이유로, 혹은 자기 능력으로는 해결하지 못한다며 숨어버리고 다른 사람에게 책임과 해결을 전가하는 상황은 의외로 자주 발생한다.

따라서 합리적인 문제 해결 과정을 몸에 익혀야 한다. 내가 사용하는 방법을 소개하겠다. 문제란 '바람직한 목표와 현재와의 차이' '목표와 예측한 결과와의 차이'로 파악한다. 이 차이를 좁히거나 없애는 것이 문제 해결 과정이다. 나는 4단계로 문제 해결 과정을 진행한다. '① 문제 파악 ② 문제점 파악 ③ 대안 마련 ④ 최적의 대안 선택'이 그것이다. 이렇게 큰 4단계에 따라 구체적인 답을 내놓으면서 해결책을 찾는 훈련을 해보

단계	내용
① 문제(상황 또는 목표) 파악	거래처가 우리 회사에 대한 불만을 가졌는가? 혹은 다른 경쟁사가 나타났는가? → 경쟁사가 접촉하고 있다. 그런데 담당 영업 사원인 나는 모르고 있었다.
② 문제점(목표와의 차이) 파악	거래처의 불만이나 우리가 경쟁사보다 못한 부분이 무엇인가? 가격/납기/품질/서비스/영업 사원과의 인간적 관계 중 무엇인가? → 가격이 문제다. 거래처는 우리 제품이 비싸다고 판단하고 있다. → 거래처는 가격에 관한 내 설명을 들은 적이 없다.
③ 대안 마련	가격 문제를 해결할 방안은 무엇인가에 대해 여러 방안을 검토한다. → 우리 회사 공급가에 문제가 있는지 파악한다. → 경쟁사가 제시한 가격을 파악해 그 이하로 가격 할인을 제시한다. → 우리 회사의 비슷한 제품 중 가격이 싼 다른 제품을 소개한다. → 우리 회사 공급가가 합리적임을 설명하고 설득한다. → 내 입장이 곤란하니 봐달라고 사정한다.
④ 최적의 대안 선택	문제와 문제점을 파악하는 과정에서 우리 회사보다 싼 공급가를 제시한 경쟁사가 나타난 것으로 파악됐다. 그러나 우리 회사의 공급가는 적절하다. 경쟁사 제품의 품질이 현저하게 떨어진다는 사실이 객관적으로 증명된 자료가 있으니 그것을 바탕으로 설득하겠다. 그 거래처는 품질 또한 중요하게 생각하기 때문이다. 이 일이 벌어진 것은 담당 영업 사원인 내가 거래처를 자주 방문하여 허심탄회하게 이야기하는 과정이 부족했기 때문이므로 앞으로 개인적으로 친밀해질 수 있는 자리를 많이 만들겠다.

면 도움이 될 것이다. 직장 상사로부터 "당신이 맡은 거래처에 이상한 조짐이 있습니다. 거래가 우호적으로 지속될 수 있는 방안을 찾으십시오"라는 질책과 지시를 받았다고 하자. 이때 가능한 방안을 단계에 따라 생각해 보는 것이다.

여러 가지 문제 상황을 설정해 놓고 이 프로세스에 대입하는 훈련을 해보자. '노총각 삼촌 장가보내기'와 같이 개인적인 것도 좋고 '고객의 반품 사태 해결하기' '자본금 1억으로 도심에서 가게 시작하기' 등과 같은 사업적인 문제도 좋다. 깊이 생각하고 해결책을 찾아가는 과정을 통해 문제 해결 능력을 강화할 수 있을 것이다. 입사 지원을 해서 면접관에게 갑작스러운 문제 해결 질문을 받았을 때도 당황하지 말고 이 프로세스에 따라 차근차근 답변하면 효과적일 것이다.

성패를 좌우하는 순발력

회사에서는 갑자기 걸려온 한 통의 전화를 어떻게 처리하느냐에 따라 중요한 프로젝트의 성패가 갈리는 상황이 벌어지기도 한다. 비즈니스 조직에서 상황과 조건은 시시각각 바뀐다. 실무자는 그때마다 즉시 자신이 할 일과 보고할 일 등을 판단해서 신속하게 대응할 수 있어야 한다. 순발력 있게 일을 처리할 수 있는 사람은 책임지는 위치에 오를 확률이 높다. 대신 그렇지 못한 사람들은 결국 남의 지시를 받고 정해진 일만 해야 하므로 회사에서 성장하기가 쉽지 않다. 취업 전형에서도 마찬가지다. 인사 담당자들은 지원자의 업무 순발력을 중요한 요소로 생각하고 주의 깊게 관찰한다.

지금부터 이런 순발력을 기르는 방법 두 가지를 소개하겠다. 첫째는 시간 개념을 강화하는 것이고, 둘째는 그 일의 주인이 되어 전체를 보는 안목을 기르는 것이다. "컴퓨터가 잘 안 되는데 네가 좀 고쳐 볼래?"라는 부탁에 "알겠어요"라고 대답하고 즉시 달려와 컴퓨터 수리에 매달리는 사람과, 대답만 해놓고 행동이 뒤따르지 않는 사람이 있다. 나는 어느 쪽인가? 순발력을 기르려면 일을 뒤로 미루는 습관을 버리고 '지금 즉시 행동'하는 습관을 들여야 한다. 그러려면 학교나 일하는 곳에서 짧은 시간에 작은 목표를 성취하는 훈련부터 시작한다. 일을 할 때 시간제한을 두고 신속하게 진행한다. 나중에 하겠다고 일을 미루던 습관에서 벗어나는 것이다.

친구들과 순발력 게임을 할 수도 있다. '1분 안에 여름 음식 이름 열 개 대기' '5분 안에 지하철 2호선 역 이름 열 개 대기' 등과 같이 정해진 시간 안에 과제를 완성하려고 노력하다 보면 잠재되어 있던 순발력이 깨어날 수 있다. 순발력은 시간 개념, 속도 개념과 깊은 관계가 있다. 세상은 빠른 속도로 변화하며 성장하고 있다. 하루도 어제와 같은 날이 없다. 변화의 속도를 두려워하지 말고 익숙해지자. 이제는 새로운 상황에 잘 적응하고, 순발력 있게 대응하는 능력이 필요하다.

다음은 일의 주인이 되는 것이다. 일의 주인이 되면 전체를 보는 안목이 생기고, 일의 노예가 되면 자신에게 주어진 일만 보인다. 순발력을 기르려면 마음이 먼저 일의 주인이 되어야 한다. 예를 들어 아버지가 컴퓨터를 고쳐 달라고 했을 때, 그 일은 아버지의 일이지만 동시에 나의 일이라는 것을 알아야 한다. 그 컴퓨터에 있는 자료는 아버지가 회사에서 능력을 인정받고 살아남기 위해 꼭 필요한 자료일 수 있다. 아버지의 성공적인 직장 생활은 가정의 안정과 평화를 위해 필수적이다. 우리 가족의 행복은 곧 나의 행복이다. 이런 식으로 어떤 일의 주인이 되면 일할 때에도 속도가 붙을 것이다. 어떤 것이든 기왕 하는 일이라면 내가 그 일의 주인이라는 의식을 갖도록 노력해야 한다. 이런 습관은 취업뿐 아니라 성공적인 직장 생활이 훌륭한 길잡이가 될 것이다.

실천으로 성과를 거두자

우리 회사는 취업 프로그램을 진행하면서 취업 준비생들에게 구체적인 행동을 요구한다. 이를테면 "인터넷에서 사람을 구하는 회사를 조사하십시오. 그 중에 마음에 드는 회사를 정한 후에 그 회사에 대해서 더 깊이 조사해 오십시오" 같은 것이다.

그런데 그렇게 요구하고 피드백하면서 흥미로운 사실을 하나 발견했다. 대체로 무엇을 하라고 할 때 잘 해 오는 사람들이 취업도 빨리 잘하는 경향이 있었다. 즉, 실천하는 사람들이 취업을 잘했다. 과제를 해 오지 않은 교육생에게 이유를 물어보면 대체로 "하려고 했는데……"라고 얼버무린다. 생각은 했지만 이런저런 사정 때문에 행동으로 실천하지 못했다는 것이다. 물론 아예 생각조차 안 한 것보다야 낫다. 그러나 취업은 논술 문제를 푸는 것과 다르다. 어떻게 생각하느냐보다는 어떻게 실천했느냐가 우선이다. 행동으로 옮기지 않은 생각은 변화를 가져올 수 없을 뿐만 아니라 아무런 성과도 창출하지 못한다.

취업을 위한 구체적인 행동에 나서자. 나는 대체로 이런 취업 준비 일정을 제시한다. 대부분의 취업 준비는 최소한 대학 3학년 때 끝내야 한다. 고교 시절이든, 대학 1학년 시절이든, 먼저 나의 인생 목표를 점검하고 적성을 파악한 후에 진로를 결정한다. 구체적으로 어떤 일을 할지 결정하는 것이다. 이때 어떤 회사보다는 어떤 일을 할 것인지가 더 중요하다. 그냥 막연히 '어떤 그룹 계열사 급은 되어야지' 정도로만 생각하고 있으면 안 된다. 그 일을 하기 위해서 무엇을 준비해야 하는지를 파악하고 일정을 짜서 준비를 시작해야 한다. 이때 도움받을 수 있는 전문 기관을 적극적으로 활용하자. 학교 내의 취업 지원 센터도 좋고 외부 기관도 좋다. '젊은이의 일자리'는 사회적인 문제다. 그래서 나의 취업에 대해 우리 가족뿐만 아니라 사회에서도 관심을 가지고 있다. 정말 고마운 일이다. 그러니 혜택을 받을 수 있다면 적극적으로 누리는 것이 좋다. 하고 싶은 일을 선택했으면 아르바이트나 인턴 근무 등을 통해 그 일이 나에게 적합한지 판단해 보면 이상적이다.

대학 3학년까지 어학이든 자격증이든 기본 실력과 스펙에 관한 준비를 끝내자. 그러려면 무엇보다 단호한 의지와 노력이 뒤따라야 한다. 대학 4학년 때는 지금까지 준비한 것, 즉 내가 살아온 것들을 토대로 이력서를 써야 한다. 그런데 이때부터 부랴부랴 영어 공부니 자격증이니 준비하려고 하는 사람들이 있다. 안타까운 일이다. 이미 시기가 늦었을 뿐만 아니라 큰 성과를 기대하기도 어렵기 때문이다. 취업 과정에서 대학 4학년은 추수할 때지, 씨를 뿌리는 시기가 아니다. 이때부터는 목표로 삼은 직장에 지원서를 내기 시작한다. 늦어도 졸업 후 6개월까지는 반드시 취업하겠다는 절박한 목표를 갖고 구직 활동에 임해야 한다.

결론적으로 나에게 면접을 요청하는 회사들이 바로 나의 눈높이다. 그러나 실망할 필요는 없다. 이를 통해서 무수한 기회를 접할 수 있기 때문이다. 남과 비교하며 좌절하고, 고민하고, 망설이느라 시간을 낭비할 필요가 없다. 자기 연민에 빠지는 것은 순간의 위로일 뿐, 어떤 문제도 해결할 수 없다. 생각을 구체적으로 표현하는 도구는 행동이다. 어떤 생각이 생각으로 끝나지 않고 실행으로 옮겨진 뒤에야 비로소 잘하는 일, 더 잘하는 일, 그냥 하는 일, 못하는 일로 구분된다. 평소에 꾸준히 공부한 학생은 공부를 잘하고, 시험 때 열심히 공부한 사람은 중간은 간다. 시험이 임박해서 겨우 공부하는 사람은 학생 신분을 유지하는 정도다. 시험 때가 되어도 공부를 아예 안 하는 학생은 학생임을 포기했다고 봐야 한다. 이처럼 '공부'라는 행동을 통해서 학생의 생각을 알 수 있는 것이다.

실행력이 강한 사람들을 보면 특징이 있다. 그들은 너무 오래 생각하지 않는다. 생각이 너무 깊어지면 '만약에 안 되면……' '남들이 볼 때는……' 등과 같이 소극적으로 흐를 수 있다. 이렇게 일이 안 됐을 때를 자꾸 생각하다 보면 나중에는 결국 안 하는 쪽을 선택할 확률이 높아진다. 생각이 지나치게 많은 사람은 대체로 한가한 사람이다. 그 시간에 운동장을 뛰거나 청소를 하면서 생각을 덜어내면 선택이 달라질 수도 있다. 일을 할지 안 할지 결정하기 전에, 판단의 근거가 될 수 있는 정보를 모으는 일은 중요하다. 충분한 정보를 가진 상태에서 짧게 생각하고 결정하자. 짧게 생각할 때는 방향과 방법까지만 생각하면 된다. '이 일이 필요한가?'라는 질문에 '필요하다'라는 답이 나오면 그다음은 '어떤 방법으로 할 것인가?'라고 자문자답해 보자.

실행력 강한 사람의 또 다른 특징은 일을 뒤로 미루지 않는 것이다. 일의 시작을 뒤로 미루는 이유는 딱 하나, '하기 싫어서'다. "하기는 해야 하는데……"라는 말은 "안 할 수 있는 이유가 있으면 좋겠는데……"와 같다. 어떤 방법으로 그 일을 할 것인지 결정된 후에는 머뭇거리거나 뒤로 미루지 말고 즉시 실행하자. 이 과정을 거꾸로 하면 실행력이 약해진다.

"나는 1월 1일부터 담배를 끊겠어." 이렇게 말하는 사람은 담배를 끊기 어렵다. 진짜로 담배를 끊으려고 생각한 사람은 1월 1일이 될 때까지 기다리지 않고 당장 끊는다. 중요한 일을 미루는 것은 불행한 사람들의 공통점이다. 그들은 항상 지금은 때가 아니라고 말한다. 그러나 실천하기 좋은 특별한 날이 따로 있는 것은 아니다. 실행하기 가장 좋은 날은 '오늘'이고, 실행하기 가장 좋은 시점은 '지금'이다.

"일찍 일어나는 새가 벌레를 잡는다"는 말은 일을 하되 남보다 먼저 시작하라는 뜻이다. 내가 조금 부족한 영역에서 남과 같은 결과를 내려면 남보다 먼저 시작해야 한다. 시행착오를 겪을 시간을 벌어야 하기 때문이다. 하자! 지금 즉시 하자! 뒤로 미루지 말고 하자! 먼저 시작하자!

취업을 위한 실천 내용들도 다시 점검하자. 영어나 자격증, 학점 등 지식적인 부분에 스펙을 쌓는 일은 중요하다. 하지만 두 가지를 명심하자. 이것은 대학 3학년 정도까지 끝내야 하고, 취업의 핵심인 것처럼 절대시해서도 안 된다. 준비해야 할 중요한 것이 있기 때문이다. 인성과 태도, 직무 능력을 연마해야 하고 사회인으로서의 스마트한 나를 완성해 가야 한다. 그러려면 꾸준히 훈련도 하고, 이야깃거리도 덧붙여야 한다. 특히, 4학년쯤 되었나면 이 부분에 훨씬 더 비중을 두어야 한다. 균형을 맞춰 차근차근 준비하자.

취업을 앞둔 이 시대의 젊은이들에게 권한다. 졸업하기 전에 취업하자. 좋은 인성과 태도, 역량을 갖춘 균형 잡힌 청년으로 승부하자. 잘할 수 있는 일을 선택해 열심히 하자. 삶의 곳곳에 널려 있는 기회를 누리자. 위로받는 것은 청춘의 몫이 아니다. 실천하는 것이야말로 청춘의 아름다움이다.

KI신서 4208

졸업 전에 취업하라

1판 1쇄 발행 2012년 9월 24일
1판 3쇄 발행 2015년 7월 15일

지은이 박천웅
펴낸이 김영곤 **펴낸곳** (주)북이십일 21세기북스
출판사업부문 총괄본부장 주명석
MC기획1실장 김성수 **BC기획팀** 심지혜 장보라 양으녕
책임편집 최혜령 **디자인 표지** 엔드디자인 **본문** 네오북
영업본부장 안형태 **영업** 권장규 이경희 정병철 오하나
마케팅본부장 이희정 **마케팅** 민안기 김홍선 백세희
출판등록 2000년 5월 6일 제10-1965호
주소 (우 413-120) 경기도 파주시 회동길 201(문발동)
대표전화 031-955-2100 **팩스** 031-955-2151
이메일 book21@book21.co.kr **홈페이지** www.book21.com
21세기북스 트위터 @21cbook **블로그** b.book21.com

ISBN 978-89-509-3965-6 13320
책값은 뒤표지에 있습니다.